Marlies Busch

100 tolle Ideen für
Ostern

Ravensburger Buchverlag

Inhalt

Palmsonntag

Karfreitag

Gründonnerstag

Ostersamstag

Ostersonntag

Palmsonntag

Palmsonntag

Wieso Palmsonntag?

Der letzte Sonntag vor Ostern erinnert an den Tag, an dem Jesus auf einem Esel in Jerusalem einzog. Die Menschen, die die Straßen, durch die er ritt, säumten, rissen vor Freude Zweige ab. Sie bejubelten ihn wie einen König und legten die abgerissenen Palmwedel oder Ölzweige als Zeichen des Sieges auf seinen Weg. Es sollte für viele ein Tag der Hoffnung und Freude sein, weil Jesus als Retter des jüdischen Volkes und als Befreier von der römischen Vorherrschaft erwartet wurde.

An seinen Einzug in Jerusalem gedenken wir heute durch die Palmprozession. Der Name dieses Festtages bezieht sich auf die Palmenzweige, die der Priester zuvor in der Kirche weiht und die bei der Prozession mitgetragen werden. Anschließend werden sie als Schutz für Haus und Hof aufbewahrt.

Da bei uns keine Palmen wachsen, werden in vielen Gegenden reichlich verzierte Palmstöcke und Palmstangen angefertigt. Bei der Form der Gebinde orientiert man sich an der immergrünen Palme, die nach unten spitz zuläuft und nach oben breit ausfächert. Möglichst lang und bunt sollen die Osterpalmen sein. Sie werden mit ausgeblasenen, gefärbten Eiern, Gebäck, Äpfeln und Bändern verziert. Im Mittelalter führte man auch einen aus Holz geschnitzten, lebensgroßen Esel, der auf Rollen montiert war, mit. Auf ihm sitzt eine Christusfigur. Daher stammt wohl der Begriff „Palmesel".

Mit dem Palmsonntag beginnt die letzte Lebenswoche Jesu. Einige nennen sie „Passionszeit", nach dem lateinischen Wort für Leid, andere bezeichnen sie als „Karwoche". Das Wort „car" leitet sich aus dem mittelhochdeutschen Begriff für Trauer oder Wehklagen ab.

Wer wird Palmesel?

Der Langschläfer, der am Palmsonntagmorgen als Letzter aus dem Bett schlüpft, wird Palmesel genannt. Wer besonders lange und fest schlief, den trieb man an diesem Tag mit Weidenruten aus dem Bett oder kitzelte ihn so lange mit Weidenkätzchen, bis er endlich aufgestanden war. Er musste sich dabei manche Neckerei anhören und bekam manchmal auch Eselsohren aus Pappe aufgesetzt. Palmesel muss sich auch der rufen lassen, der mit seinem Palmbuschen zuletzt in der Kirche eintrifft.

Palmbuschen

Für die Palmprozession werden reichlich Palmbuschen verwendet. In Gebieten, in denen diese selten vorkommen, werden sie durch grüne Sträucher ersetzt. So holen die Schweizer Stechpalmzweige mit möglichst vielen roten Beeren aus dem Wald. In Tirol (Österreich) bestehen die Palmbuschen aus Weiden- und Tannenzweigen.

In Westfalen entrinden Kinder einen starken Zweig und binden an seine Spitze einen Buchsbaum. Dann lassen sie den Palmstock weihen und ziehen mit ihm von Haus zu Haus, wo er mit allerlei Naschwerk geschmückt wird. Anschließend wird der Palmstock geplündert.

Palmkätzchenpusten

Ein lustiges Spiel ist das Pusten von Palmkätzchen über einen Tisch. Zwei Spieler
sitzen sich mit je einem Häufchen Palmkätzchen an einem Tisch gegenüber. Ein dritter Mitspieler
gibt das Kommando:
„Auf die Kätzchen,
fertig, pusten!" Je-
des Kind versucht
nun seine Palmkätzchen auf den Platz
des anderen zu blasen. Dabei darf kein
Kätzchen vom Tisch fallen. Der Schieds-
richter passt auf. Gewonnen hat der,
dem es gelingt, den Gegenspieler
so weit zurück zudrängen,
dass an seinem Platz
kein einziges Kätzchen
mehr liegt.

Was steckt dahinter?

Ich weiß ein klei-
nes, dünnes Haus,
man sieht nicht, wo
hinten oder vorn ist,
und will der kleine
Wicht heraus, dann
muss er erst einmal
die Wand durch-
bohren.

Küken

Wenn ich
wüsste, wer
das ist,
der immer
mit zwei
Löffeln isst.

Hase

Was
bleibt von
einem Dreieck
übrig, wenn
es das Ei
verliert?

Dreck

Ein Haus
voller Essen,
die Türe
vergessen?

Ei

Ich weiß
ein schönes
Plätzchen,
da sitzen sehr
viele Kätzchen,
ihr Fell ist
zart und fein,
doch nie hört man
„Miau" sie schrei'n.

Palmkätzchen

Der kleine Osterhase

Es war einmal ein kleiner Hase, der wollte sehr gerne ein Osterhase werden. Aber seine Mama sagte zu ihm: „Dafür bist du noch viel zu klein, warte, bis du ein bisschen größer bist." „Ich bin gar nicht klein", murrte der kleine Hase und verkroch sich traurig in sein Bett. Die ganze Nacht über träumte er von großen bunten Eiern, die er ganz allein in die Nester legte.

Als er früh am Morgen erwachte, hatte er auch schon einen Plan gemacht: Heimlich stahl er sich aus der Hasenwohnung und lief über das Feld. Dort traf er eine Kuh. „Kannst du Eier machen?", fragte er sie. „Muh", antwortete die Kuh, „Eier machen kann ich nicht, geh und frag die Vögel." „Danke", sagte der kleine Hase und ging weiter. Bald traf er auf einen Raben: „Hallo, Herr Rabe", rief er, „wissen Sie, wer die Eier macht?" „Welche Eier?", fragte der Rabe. „Ostereier", antwortete der kleine Hase. „Nein, das weiß ich nicht", sagte der Rabe und flog davon. Da lief der kleine Hase weiter, bis er an einen See kam.

Dort fragte er den Fisch: „Weißt du, wer die Eier macht?" „Ja", antwortete der Fisch, „ich mache Eier." „Gut", sagte der kleine Hase, „dann zeige sie mir." „Nein", blubberte der Fisch, „jetzt kann ich sie dir nicht zeigen."

Traurig wandte sich der kleine Hase ab und lief weiter, bis er zu einem Bauernhof kam und auf eine Henne traf. „Kannst du Eier legen?", fragte er sie. „Ja, das kann ich", sagte die Henne. „Warum willst du das wissen?", fragte sie. „Weil ich Osterhase werden will", antwortete der kleine Hase. „Gut", sagte die Henne, „dieses Jahr gibt es so viele Eier, da freue ich mich, wenn mir jemand beim Bemalen der Eier hilft."

Da nahm der kleine Hase den Pinsel in seine Pfote und tupfte nach Herzenslust Farbe auf die Eier.

Ostergrußkarten

🌱 Aus der Wellpappe wird ein Rechteck in doppeltem Postkartenformat zugeschnitten. Die Rillen der Wellpappe sollen dabei in Längsrichtung verlaufen.

🌱 Anschließend schneidet man mit dem Schneidemesser ein großes Fenster in das Deckblatt. Von innen wird ein Stück Hasengitter dagegengeklebt. Je nach Belieben kann man das Fenster auch mit einem zweiten Rahmen verzieren.

🌱 Die rechte Innenseite wird nun mit aufgeklebtem Stroh und unterschiedlich

großen Ostereiern aus farbiger Well-pappe gestaltet.

🌱 Das Küken fertigt man aus zwei gelben Wattebällchen an. Die Augen bestehen aus schwarzen Locherpunkten, der dreieckige Schnabel aus orange-farbener Wellpappe.

🌱 Der Hase wird aus zwei weißen Wattebällchen hergestellt. Die Augen bestehen ebenfalls aus schwarzen Locher-punkten. Zusätzlich hält der Hase ein Osterei aus Wellpappe in den Pfoten.

Wellpappe in Gelb, Türkis, Rot und Orange
• Hasengitter • Stroh • Watte in Weiß und Gelb
• Tonpapier in Weiß, Orange und Schwarz
• farbige Wellpappereste • Klebstoff • Locher
• Drahtschere • Schneidemesser
• Bleistift • Lineal

Vase und Rieseneier

Je nachdem, wie groß die Eier oder die Vase anschließend werden sollen, können die Luftballons aufgeblasen werden. Die Arbeitsfläche wird mit einer Folie abgedeckt und der Tapetenkleister entsprechend der Gebrauchsanweisung angerührt.

Während der Kleister quillt, reißt man das Papier in ca. 5 cm große quadratische Stücke. Je kleiner der aufgeblasene Luftballon ist, desto kleiner sollen auch die Papierstücke sein. Damit die großen Eier nicht wegrollen, werden sie mit etwas Kleister auf einen Holzring gesetzt.

Die ersten beiden Schichten bestehen aus farbigem Papier. Wenn das Ei aufgeschnitten wird, ist somit auch die Innenseite farbig. Die Papierschnipsel werden mit Kleister bestrichen und schichtweise auf den Ballon gelegt. Die nächsten acht bis zwölf Lagen – je nach Größe des Eis – werden mit Zeitungs- oder Packpapier geklebt. Die letzten beiden Schichten bestehen wieder aus farbigem Papier.

Anschließend legt man das Ei zum Trocknen drei bis vier Tage lang an einen sicheren Ort. Steht das Objekt in der Nähe einer Heizung, trocknet es zwar schneller, jedoch kann es leicht geschehen, dass sich dabei die Form verzieht.

Ovale Luftballons in unterschiedlicher Größe • Zeitungs- oder Packpapier • Tapetenkleister • Pinsel • Japanpapier in Gelb, Rot, Türkis und Blau • für die großen Eier 2 Holzreifen, je 10 cm Ø • Schneidemesser • Abdeckfolie oder Plastiktüten • Bleistift

 Nach dem Trocknen wird das Ei mit einem Schneidemesser in der Mitte aufgeschnitten. Für die Vase zeichnet man die Umrisse eines aufgeschlagenen Eis auf die obere Eihälfte und schneidet sie aus. Die Schnittkanten werden mit farbigen Papierschnipseln umklebt.

 Um das Ei wieder schließen zu können, wird ein farbiger Papierstreifen so in die untere Eihälfte geklebt, dass er 1 cm über den Rand hinausragt. Zum Schluss können die Objekte in beliebiger Anordnung mit Rauten, Kreisen, Punkten und Streifen verziert werden.

Palmsonntag

Oster- fenster

🌱 Den Boden oder das Fensterbrett deckt man mit einer Folie oder mit Zeitungspapier gut ab. Dann werden die Motive auf ein Blatt Papier gezeichnet und ausgeschnitten.

🌱 Mit Klebestreifen werden die Hasen, die Eierbecher und das Ei sowie die Schmetterlinge am Fenster befestigt. Nachdem man die Konturen der Figuren mit Kreide nachgezeichnet hat, nimmt man die Vorlagen wieder ab.

🌱 Anschließend werden die Motive ausgemalt. Die Gesichter trägt man erst auf,

wenn die Farbe getrocknet ist. Das Gras wird mit einem Pinsel in verschiedenen Grüntönen aufgemalt, die man in der Mischpalette zusammenstellen kann.

Fingerfarben in Gelb, Rot, Blau, Dunkel- und Hellgrün, Braun, Schwarz und Weiß • dicke und dünne Pinsel • Mischpalette (z. B. Plastikeinsatz von einer beliebig großen Pralinenschachtel) • Abdeckfolie oder Zeitungspapier als Unterlage • Kreide • Bleistift • Papier • Schere • Klebestreifen

Fenster-girlande

🌱 Zuerst überträgt man den Hasen von Seite 20 auf braunes Tonpapier und faltet ihn beliebig oft wie eine Ziehharmonika. Die Zeichnung sollte dabei immer zu sehen sein. Dann schneidet man den Hasen entlang den durchgezogenen Linien aus. Die gestrichelten Linien stellen die Verbindung zu den einzelnen

Figuren der Girlande dar. Genauso verfährt man mit den anderen Objekten.

🌱 Anschließend werden die farbigen Kleidungsstücke und die roten Kämme in dem passenden Tonpapier ausgeschnitten und auf die entsprechende Figur aufgeklebt. Die bunten Eier fixiert man mit Klebstoff an den Kiepen.

Basteln

🌱 Mit einem schwarzen Filzstift werden den Tieren die Gesichter und die Konturen aufgemalt.

🌱 Nun werden die Küken einzeln ausgeschnitten und auf der Rückseite der Eierschalen mit Klebstoff befestigt. Zum Schluss trägt man die Konturen der Eierschalen mit einem schwarzen Stift auf.

Tonpapier in Weiß, Gelb, Rot, Pink, Hellblau, Grün, Braun und Orange • Filzstift in Schwarz • Klebstoff • Bleistift • Schere

Fenstergirlande

Osterstecken

Oster-stecken

 Die gewünschten Motive überträgt man von Seite 21 auf das Spanholz. Für den großen Hasen vergrößert man die Vorlage von Seite 21 auf 400 Prozent.

 Anschließend werden die Motive mit der Laubsäge langsam und ohne Druck ausgesägt. Wenn man die Figuren in einen Schraubstock spannen kann und zusammengefaltetes Papier als Puffer dazwischenlegt, wird das Holz nicht beschädigt. Die Kanten glättet man mit feinem Schleifpapier.

 Die Augen bohrt man an den gekennzeichneten Stellen nur an. Für die Befestigung der Ohren wird dem großen Hasen ein Loch an der dafür markierten Stelle gebohrt.

 Die Holzstöckchen werden mit Holzleim an den kleinen Motiven befestigt. Nachdem die Holzteile getrocknet sind,

können sie bemalt werden.

 Zum Schluss werden dem großen Hasen noch seine beweglichen Ohren angeschraubt.

> Für ein kleines Motiv: je 1 Spanholzplatte, 12 cm^2 und 7 mm stark • für den großen Hasen: 1 Spanholzplatte, 48 cm^2 und 8 mm stark • Acrylfarben in Gelb, Orange, Rot, Lila und Blau • Pinsel • Laubsäge • feines Schleifpapier • Bleistift • Handbohrer • für den großen Hasen: 1 Schraube, 4 mm Ø und 3 cm lang, und 1 Mutter • Holzspieße • Holzleim

Kräuter und Ostergras

🌱 Der Blumenkasten wird sowohl von innen als auch von außen hellgrün lasiert. Nachdem die hellgrüne Farbe getrocknet ist, zeichnet man mit Bleistift rund um den grünen Blumenkasten drei Reihen mit Karos auf.

🌱 In Blau werden die Karos nachgemalt. Wenn die Farbe getrocknet ist, werden neben die blauen Karos gelbe gesetzt.

🌱 Für die Kräuterstecken schneidet man je zwei Papierstreifen, 40 cm x 2 cm, in unterschiedlichen Farben zu und faltet daraus eine Hexentreppe. Die beiden

Hexentreppen werden fächerförmig zu einer Blume angeordnet. Die Holzspieße werden mit grüner Plaka-Farbe gestrichen.

🌱 Nun schneidet man einen Kreis von ca. 5 cm Durchmesser aus Tonpapier zu, beschriftet ihn mit dem Namen der Kräuter und klebt ihn auf die Blume. Dann wird die Blume mit Klebestreifen an einem Holzspieß befestigt und zu den Kräutern in den Blumenkasten gesteckt.

Ostergras säen

🌱 Die Grassamen lässt man zwei Tage lang in lauwarmem Wasser an einem warmen Ort vorkeimen. So erreichen sie bis Ostern eine stattliche Größe.

🌱 Die kleine Sperrholzkiste wird sowohl von innen als auch von außen blau ange-

strichen. Wenn die Farbe getrocknet ist, legt man den Boden der Kiste mit Zeitungspapier aus und füllt sie zu ca. drei Viertel mit Blumenerde.

Anschließend sät man die vorgekeimten Samen in die Kiste und streut etwas Erde darüber. Am Ostersonntag ist das Gras so hoch gewachsen, dass der Osterhase seine Eier darin verstecken kann.

Für den Kräuterkasten:
Blumenkasten aus Holz • Lasurfarbe in Hellgrün • Acrylfarben in Gelb und Blau • Pinsel • Blumenerde • verschiedene Kräuter • Bleistift • Tonpapier in Orange, Rot, Lila, Hell- und Dunkelblau • Schere • Holzspieße • Plaka-Farbe in Grün • Klebestreifen • Klebstoff

Für das Ostergras:
Sperrholzkiste (z. B. für Obst) • Acrylfarbe in Blau • Grassamen • Glasschüssel • Pinsel • Blumenerde • Zeitungspapier

Gründonnerstag

Gründonnerstag

Warum Gründonnerstag?

Am Donnerstag vor Ostern kamen die ersten frischen Kräuter auf den Tisch. Die Frauen backten Kräuterpfannkuchen und Omeletts oder kochten eine Suppe aus sieben oder neun verschiedenen Kräutern. Den an diesem Tag gesäten Kräutern sagte man eine besonders heilkräftige Wirkung nach. Auch Blumen, die am Gründonnerstag gesät werden, sollen sehr schön wachsen.

Früher hieß der Gründonnerstag „Greindonnerstag". An diesem Tag durften alle seit dem Aschermittwoch „Greinenden", also Weinenden, Sünder oder Büßer, erstmals wieder am Gottesdienst teilnehmen. Dort wurde ihnen dann ihre Schuld vergeben. Im Gedenken an das letzte Abendmahl wurde seit dem späten Mittelalter Brot an die Armen verteilt. Die Kinder erhielten manchmal auch Honig- oder Lebkuchen.

Stumme Glocken

Von Gründonnerstag bis in die Osternacht schweigen alle Glocken der katholischen Kirche. Es heißt, sie wären nach Rom geflogen. Während dieser Zeit zogen früher die Jungen mit Ratschen und Klapperbrettern von Haus zu Haus. Dort erhielten sie Brot und Eier und luden zum Gottesdienst ein.

Besondere Eier

Den am Gründonnerstag gelegten Eiern wird eine besondere Kraft nachgesagt: Diese Eier können lange aufbewahrt werden, da sie angeblich nicht faulen. Sie schützen Haus und Hof vor Blitzschlag, und wenn sie in die vier Ecken des Feldes eingegraben werden, bewahren sie die Ernte vor Mäusen und Hagel.

Da während der Fastenzeit keine Eier gegessen werden durften, sammelte sich ein riesiger Eierberg an. Weil es damals noch keine Kühltruhen gab, wurden die Eier, die man nicht selbst verwerten konnte, erst gekocht und dann verschenkt. Die jungen Mädchen reichten ihrem Liebsten beispielsweise eines oder mehrere Eier. Dabei spielte nicht nur die Anzahl der Eier, sondern auch deren Farbe eine große Rolle. Mit Grün drückten sie ihre Hoffnung aus, mit Gelb bezeugten sie ihre Eifersucht, mit Blau schworen sie Treue und mit Rot bekräftigten sie ihre Liebe. Schenkte ein Mädchen ihrem Freund sechs Eier, so wusste er, dass sie ihn gerne heiraten möchte.

Die Eier wurden nicht nur bunt bemalt, sondern auch reich mit Sprüchen, fantasievollen Mustern und kostbaren Juwelen verziert. Der Sonnenkönig, Ludwig XIV. von Frankreich, beglückte seine Geliebte mit einem Osterei, das so groß war, dass es von vier Pferden gezogen werden musste. Es bestand aus purer Schokolade und war aufs Feinste gefüllt.

29

Kräuteromelett

Zutaten: (für 8 Eierkuchen)
- 60 g Mehl
- 100 ml Milch
- 50 ml Wasser
- je 1 Prise Salz und Zucker
- 2 kleine Eier
- 2 EL Öl
- Fett zum Ausbacken
- je 1 Bund Petersilie und Schnittlauch
- Pfanne, 15 cm Ø

Das Mehl in eine Schüssel sieben. In einer zweiten Schale die Milch mit dem Wasser vermischen und mit dem Schneebesen ins Mehl rühren. Eine Prise Salz und Zucker zugeben und 30 Minuten lang quellen lassen. Anschließend die Eier und das Öl hinzufügen und den Teig glatt rühren.

Mit einer Schöpfkelle den Teig in die Pfanne geben und das Omelett von beiden Seiten goldbraun backen.

Pellkartoffeln mit grüner Soße

Zutaten: (für 2 Personen)
- 8 Kartoffeln
- je einen Bund Borretsch, Dill, Estragon, Kerbel, Petersilie, Pimpernell, Schnittlauch, Zitronenmelisse
- 1 Nüsschen Butter
- 6 EL Crème fraîche
- 3 EL Naturjogurt
- 2 Frühlingszwiebeln
- Salz
- Zitronenpfeffer

Die Kartoffeln waschen und kochen. Die Kräuter von den Stielen zupfen, waschen und klein hacken.

Frühlingszwiebeln in Ringe schneiden und in Butter dünsten. Dann die Crème fraîche hinzugeben und aufkochen lassen.

Nun die Kräuter sowie den Jogurt hinzufügen. Die Soße mit Salz und Zitronenpfeffer abschmecken und zu den heißen, geschälten Kartoffeln servieren.

Kräutersuppe

Zutaten: (für 4 Personen)
- 1 Stange Lauch
- 400 g Kräuter, darunter: Basilikum, Kresse oder Brunnenkresse, Gänseblümchenblätter, Löwenzahn, Petersilie, Salbei, Sauerampfer oder Spitzwegerich, Schnittlauch, Spinat, evtl. Brennnessel oder Kerbel
- 50 g Butter
- 2 Eigelb
- 100 ml süße Sahne
- Salz
- Pfeffer
- 1 l Gemüsebrühe

Die Kräuter fein hacken. Den Lauch in Scheiben schneiden und in Butter dünsten. Dann die Kräuter kurz zugeben. Von der Petersilie oder der Kresse 2 EL zum Dekorieren beiseite stellen.

Mit der Gemüsebrühe ablöschen und die Suppe 15 Minuten lang kochen. Anschließend die Kräutersuppe pürieren oder durch ein Sieb streichen.

Eigelb mit der Sahne verquirlen und in die Suppe geben. Die Suppe nochmals erwärmen, aber nicht aufkochen lassen. Zum Schluss mit Salz und Pfeffer abschmecken und mit etwas Kresse oder Petersilie bestreuen.

Osterreime

Besonders begehrt waren Eier, in denen eine geheime Botschaft versteckt war. Diese so genannten Brauteier waren außen reich verziert und mit einer Kurbel aus Draht ausgestattet. Aus dem Ei konnte ein Band gezogen werden, welches mit einer Liebeserklärung oder einem lustigen Spruch beschriftet war. Zu der Anleitung, wie man die Botschaft in das Ei hineinbekommt, findet man auch einige Sprüche, die dann auf das Band geschrieben werden können.

Dies Eichen aus
dem Hühnernest,
das schenk ich dir zum
Osterfest.

In Liebe und Treue
schenke ich dir dieses Osterei.
Brichst du das Ei entzwei,
dann ist auch unsere Liebe vorbei.

Der Hahn ist bunt, das Ei ist rund.
Oh liebes Huhn, bleib doch gesund,
damit du Eier legen kannst so rund.

In Liebe hab ich dein gedacht
und dir dies Ei gebracht.

Osterhäschen, Osterhas',
komm mal her, ich sag dir was:
Laufe nicht an mir vorbei,
schenk mir doch ein buntes Ei!

Osterhäschen, komm zu mir,
komm in unsern Garten!
Bring uns Eier, zwei, drei, vier,
lass uns nicht mehr lang warten!

Oster-sprüche

Zuerst werden die Gänseeier ausgeblasen und gut ausgewaschen. Mit Gänseeiern kann man besser arbeiten, da sie größer und robuster sind.

In die Mitte des Eis wird mit einer Laubsäge ein Schlitz von ca. 3 cm Länge hineingesägt. Die Länge hängt von der Breite des Bandes ab, das man verwenden will. Dann wird das Ei bemalt.

Wenn die Farbe getrocknet ist, kann man ein 25 cm langes Stück Draht in den Schlitz schieben. Der Draht wird dazu in der Mitte geknickt und so durch das Ei geführt, dass die beiden Enden an den Seitenlöchern wieder herauskommen. Die Drahtschlaufe darf dabei nicht in das Ei hineinrutschen.

Als nächstes wird ein Band aus farbigem Papier, 17 cm x 15 cm, zugeschnit-

ten und mit einem Goldstift beschriftet. Ein Ende des Bandes wird an der Drahtschlinge mit Klebstoff befestigt.

Nun kann man die Drahtschlinge in das Innere des Eis ziehen. Das eine Ende des Drahtes wird mit einer bunten Perle versehen, das andere wird zu einer Kurbel gebogen. Ende und Anfang der Kurbel werden mit je einer Perle verziert. Den restlichen Draht wickelt man um die Rundzange.

Nun kann man das Spruchband aufrollen. Damit es nicht in das Ei hineinrutscht, wird das Bandende um einen Zahnstocher gerollt und rechts und links mit zwei Perlen verziert.

Ausgeblasene Gänseeier • Acrylfarben in Gelb, Lachs, Pink, Hellblau • Draht • Rundzange • Tonpapier in Pink, Hellblau, Königsblau, Grün • Perlen, 0,7 cm Ø, in Pink und Grün • Goldstift • Zahnstocher • Klebstoff • Laubsäge

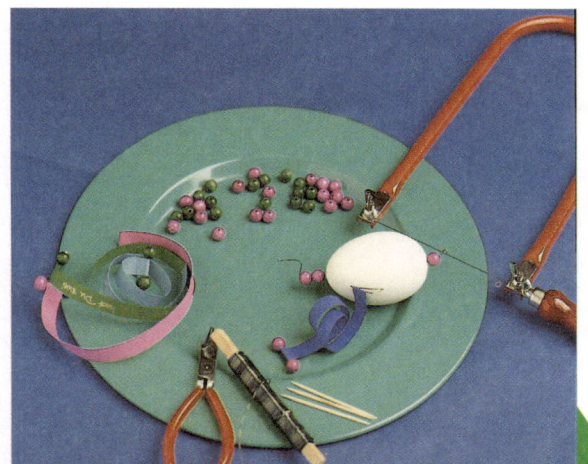

Kräuter-gestecke

Zunächst werden die Eier ausgeblasen und bemalt. Nachdem die Farbe getrocknet ist, werden sie mit einem Goldstift verziert.

Eierkranz

Für den Eierkranz werden acht Eier auf einen Biegedraht gezogen. Zwischen jedes Ei setzt man eine pinkfarbene Perle. Der Kranz wird geschlossen, indem man die Drahtenden miteinander verschlingt.

Kräuterstrauß

Basilikum und Schnittlauch werden mit einem Stück Draht zu einem Strauß gebunden. Als Dekoration verwendet man ein Ei. Dieses setzt man auf einen Holzspieß, fixiert es oben mit einer Perle und steckt es in die Mitte des Straußes.

Kräuterkranz

Für den Kräuterkranz fertigt man zuerst einen Kranz aus Alufolie an, der oben geöffnet ist. Diesen legt man auf einen Teller und füllt ihn mit Blumenerde. In die Erde sät man die Kressesamen.

Dann bindet man mit einem Faden jeweils drei bis vier Dillstängel zu einem kleinen Strauß und steckt diesen in einen angefeuchteten Steckschwamm. Der Schwamm wird in regelmäßigen Abständen in dem Ring platziert.

Zum Schluss werden fünf orientalische Eier auf je einen Holzspieß gesteckt, oben mit je einer Perle fixiert und in den Kräuterkranz gesteckt. Die Gänseeier drapiert man nach Belieben um das Arrangement.

14 Hühner- und 3 Gänseeier • Acrylfarben in Pink, Lila, Königsblau, Türkis • 14 Holzperlen in Pink, 0,7 cm Ø • Goldstift • 6 Holzspieße • Biegedraht • Zange • Teller, 30 cm Ø • Alufolie • Blumenerde • Kressesamen • Steckschwamm • je 1 Bund Basilikum, Dill und Schnittlauch • Faden

Windräder

Blumenräder

Für die Blumenräder überträgt man die Vorlage für die Stege von Seite 43 viermal auf farbigen Tonkarton und schneidet sie zu. Die Stege für das große blaue Rad vergrößert man um 80 Prozent, die für das kleine rosa Rad um 30 Prozent. Die Vorlage für das Huhn steht auf Seite 21. Für das kleinere Rad schneidet man eine Scheibe, ca. 5 cm Durchmesser, aus blauem Tonkarton zu.

Mit einer Nadel sticht man an den markierten Stellen ein Loch in die Stege. Nun legt man ein 30 cm bis 35 cm langes Stück Draht doppelt und fädelt zuerst eine Holzperle und dann das Huhn oder den Kreis auf. Nacheinander werden nun die mittleren Stege auf den Draht geschoben. Dann zieht man den Draht durch einen ca. 8 cm langen Strohhalm und fädelt die äußeren Stege in gleicher Reihenfolge paarweise auf.

Zum Schluss wird ein ca. 4 cm langer Strohhalm aufgesteckt. Den restlichen Draht wickelt man mehrmals straff um den Holzstab. Die Blüten dürfen dabei nicht an den Holzstab stoßen, da sich das Rad sonst nicht mehr drehen kann. Jetzt können die Blüten geordnet und gegebenenfalls mit Klebstoff fixiert werden.

Windräder

Für das Windrad schneidet man entweder ein Quadrat, 20 cm x 20 cm, oder ein Quadrat, 18 cm x 18 cm, aus farbigem Tonkarton zu. Mit Lineal und Bleistift werden, wie in der Grafik 1 dargestellt, zwei Verbindungslinien von einer Ecke zur gegenüberliegenden Ecke eingezeichnet. Dort, wo die Striche sich kreuzen, befindet sich der Mittelpunkt.

Nun misst man vom Mittelpunkt ausgehend 2 cm an den eingezeichneten Linien ab und markiert diese Stellen. Die Linien werden genau bis dahin eingeschnitten. Mit einer Nadel sticht man in die Mitte sowie in jede zweite Spitze ein Loch (siehe dazu die Grafik 2).

Für jedes Rad werden zwei Scheiben, je ca. 5 cm Durchmesser, zugeschnitten und ebenfalls in der Mitte mit einer Nadel durchstochen. Dann biegt man das eine Ende des Drahtes um und fädelt eine Perle und die Scheibe auf. Die Flügel

Für die Blumenräder: Fotokarton in Blau und Pink • für die Windräder: zweifarbiger Fotokarton in unterschiedlichen Farben • Holzstäbe • Biegedraht • Zange • Schere • farbige Strohhalme • Nadel • Klebstoff • Lineal • Bleistift • pro Windrad 2 bunte Holzperlen, 0,7 cm Ø

Grafik 1

Grafik 2

werden, wie in Grafik 2 dargestellt, zur Mitte hin umgeklappt und auf den Draht gesteckt. Anschließend schiebt man den Draht durch einen ca. 3 cm langen Strohhalm und steckt ihn durch die Mitte des Rades. Nachdem man eine weitere Scheibe und einen ca. 2 cm langen Strohhalm auf den Draht geschoben hat, wird der restliche Draht straff um den Holzstab gewickelt.

Gründonnerstag

Eier in Natur-farben

Färben

Die hart gekochten Eier werden in einem heißen Sud gefärbt. Dazu brüht man wie bei Tee frische oder getrocknete Kräuter mit 1 l heißem Wasser auf. Rindenstücke, Hölzer oder Fruchthüllen werden zuerst eingeweicht oder mit dem Mörser zerstoßen und dann so lange gekocht, bis sie Farbe abgeben und durch ein Sieb gestri-

chen werden können. Ausgeblasene Eier lassen sich ebenfalls färben. Sie werden so lange in den Sud getaucht, bis sie sich mit Wasser gefüllt haben. Wenn der gewünschte Farbton erreicht ist, hebt man die Eier heraus und lässt die Flüssigkeit wieder herauslaufen.

Verzieren

Muster, Sprüche und Ornamente werden mit einem in Zitronensaft getauchten Zahnstocher in die Eier geätzt.

Farben

Alle Maßangaben sind für 1 l Wasser berechnet.

Mit bestimmten Kräutern erhält man folgende Farben:

Gelb: Gelbwurz, Kamille, Mateblätter, Ringelblumenblüten, Zwiebelschalen
Braun: Ringelblumenblüten, Walnuss
Grün: Schachtelhalme, Reseda

Weiße und braune Eier • Zitrone
• Mörser • Zahnstocher • alter Kochtopf • Salz
• Zeitungen als Unterlage • Essig • Sieb
• Färbegefäße • Kamille (nicht aus dem Tee-beutel) • Mateblätter • Zwiebelschalen
• Schachtelhalme • Reseda • Ringelblumen-blüten • Walnüsse • Krappwurzel
• Cochenille-Läuse • Rotholz (Rottöne)
• Blauholz • Johanniskraut • Gelbwurz

Rot: Rotholz, Krapp-
wurzel, Cochenille-Läuse
Violett: Blauholz
Gelb: Mit 5 EL Kamille erhält man je nach
Färbedauer ein Hell- oder Dunkelgelb,
bei braunen Eiern einen schönen, warmen
Goldton.

1 EL Gelbwurz genügt, um warme Gelb-
und Orangetöne zu erzielen. Gelbwurz
lässt sich gut mit allen Zutaten mischen,
die Rottöne hervorbringen.

Eine Hand voll Zwiebelschalen ergibt,
wenn man die Eier nur kurz eintaucht,
einen honiggelben bis goldgelben Ton.
Lässt man die Eier längere Zeit in dem
Sud liegen, färben sie sich goldbraun.
Die Schalen eignen sich auch als Zugabe
zu Krappwurzeln oder Holundersaft.

Wunderschöne Farbtöne von Gelb bis
Braun erhält man mit vier Hand voll Ringelblumenblüten.

Lässt man 4 EL Mateblätter zehn Minuten
lang in 1 l Wasser kochen, erhält man
einen hellgelben, leicht grünstichigen
Farbton. Erst wenn der Sud kalt ist, färbt
sich der Mate grün.

Grün: Eine Hand voll Schachtelhalm
genügt, um einen gelbgrünen Ton zu
erhalten. Mit 6 EL Reseda bekommt man
grüne Eier. Lässt man die Eier jedoch nur
kurz in dem Sud, färben sie sich hellgelb.

Braun: Die Walnussschalen oder die Rindenstücke zerstößt man mit einem Mörser. Mit 1 EL erzielt man je nach Färbedauer unterschiedliche Braunschattie-
rungen.

Rot: Krappwurzeln erhält man geschnitten oder gemahlen. Je nachdem, wie
viele man in den Sud gibt, erzielt man
Farbtöne von Rosa über Rot bis Rotbraun.
Die Krappwurzel kann man auch gut mit
Zwiebelschalen, Walnüssen oder Kamille
mischen.

Von den Cochenille-Läusen reichen 2,5 g,
um eine Farbpalette von Zartrosa bis Pink
zu erhalten. Die getrockneten Läuse sollten vorab mit einem Mörser zerstoßen
werden.

Braune Eier bekommen in dem Sud einen
schönen rotbraunen Ton. Mischt man etwas Blauholz unter, färben sich die Eier
violett.

Je mehr Rotholz man in den Sud gibt,
desto intensiver erscheint das Rot. Die
Färbedauer beeinflusst hier die Farbe
kaum.

Die Farbpalette reicht von einem zarten
Rosa bis zum intensiven Rosenholzton.
Wenn man Rotholz mit Krappwurzeln
mischt, erhält man weitere Rottöne.

Violett: Mit 3 EL Blauholz erzielt man ein
kräftiges Violett. Blauholz lässt sich gut
mit Cochenille-Läusen und Schalen von
Zwiebeln mischen.

Grau: In den Bereich der Grautöne ge-
langt man mit 3 EL Johanniskraut.

Zootiere

Für das Krokodil, den Raben, die Schildkröte und den Löwen wird je ein ausgeblasenes Ei benötigt, für die Maus eine halbe Eierschale und für die Raupe vier halbe Eierschalen. Wenn die gut ausgewaschenen Eier getrocknet sind, kann man sie mit den entsprechenden Farben bunt bemalen.

Nun werden die gewünschten Motive von Seite 42 auf Tonpapier übertragen und zugeschnitten. Mit einer Zackenschere erhält man sowohl die Zähne als auch die Zacken im Krokodilschwanz. Wenn die Farbe auf den Eiern getrocknet ist, können die zugeschnittenen Teile mit einem Klebestift an den bunten Eiern befestigt werden.

Für die Füße fertigt man in der Größe eines Einmarkstückes je zwei Kreise in dem passenden Tonpapier an. Anschließend werden die Kreise so aufeinander geklebt, dass sie etwa zur Hälfte überlappen. Die Maus, die Schildkröte und der Löwe erhalten je vier Füße, der Rabe und die Raupe nur zwei Kreise als Füße.

> Tonpapier in Weiß, Gelb, Orange, Hellblau, Hellgrün, Grasgrün und Braun • Pinsel • braune Plaka-Farbe • schwarzer Filzstift • Schere • Locher • Bleistift • ausgeblasene Eier • Klebstoff • Zackenschere

Für die Augen der Raupe schneidet man zwei weiße Kreise zu, für die des Raben wird ein Oval in der Mitte geteilt. Als Pupille erhalten alle Tiere schwarze Locherpunkte.

Der Schildkröte, dem Löwen, dem Krokodil und der Raupe wird mit einem

schwarzen Filzstift jeweils die Mundpartie aufgemalt. Mit brauner Plaka-Farbe zeichnet man der Schildkröte die Muster eines Panzers auf den Rücken.

In die Eierschalen der Maus und der Raupe kann man etwas Kresse oder kleine Blümchen setzen.

Eierzoo

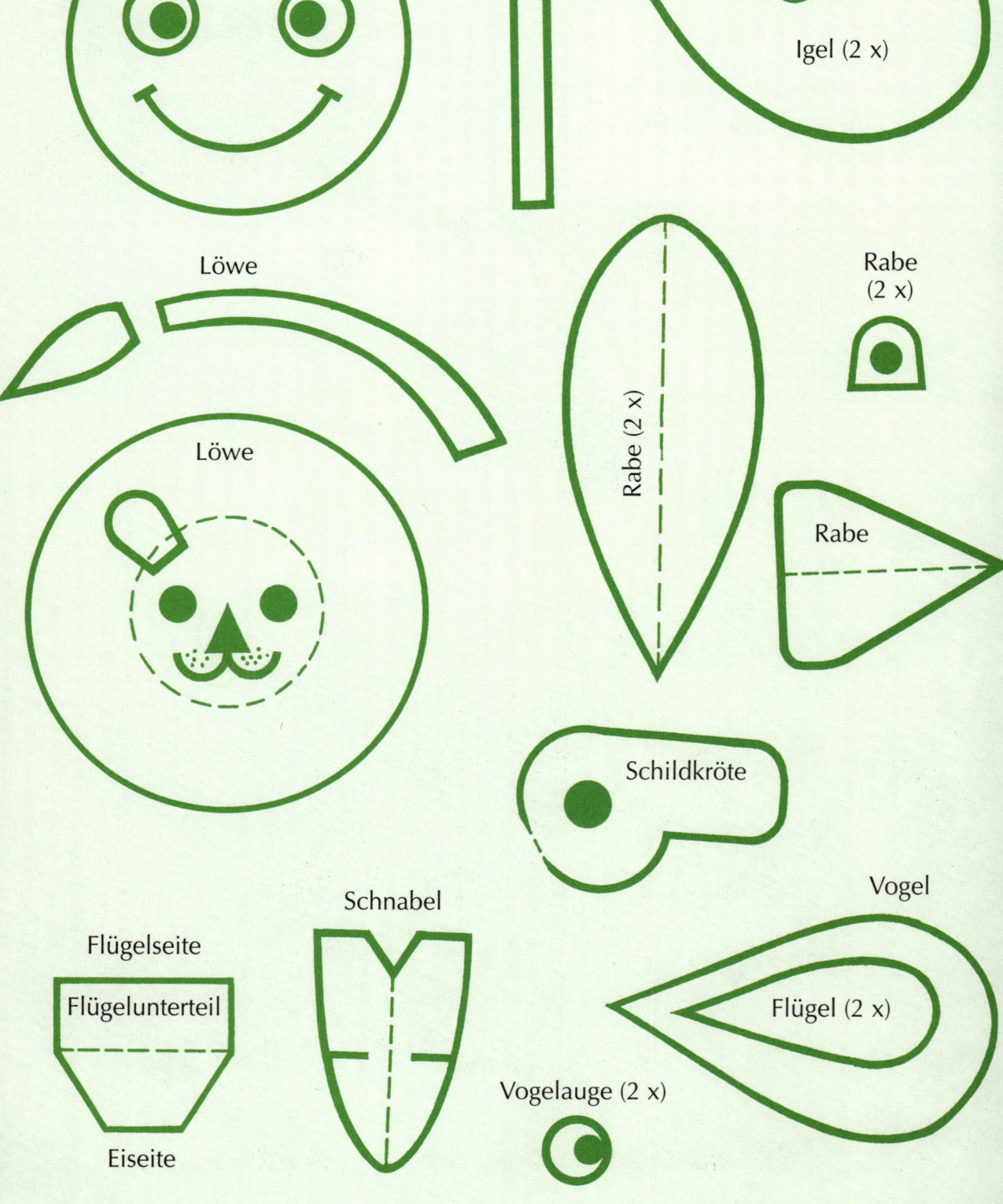

Raupe

Raupe (2 x)

Igel (2 x)

Löwe

Löwe

Rabe (2 x)

Rabe (2 x)

Rabe

Schildkröte

Flügelseite

Flügelunterteil

Schnabel

Vogelauge (2 x)

Vogel

Flügel (2 x)

Eiseite

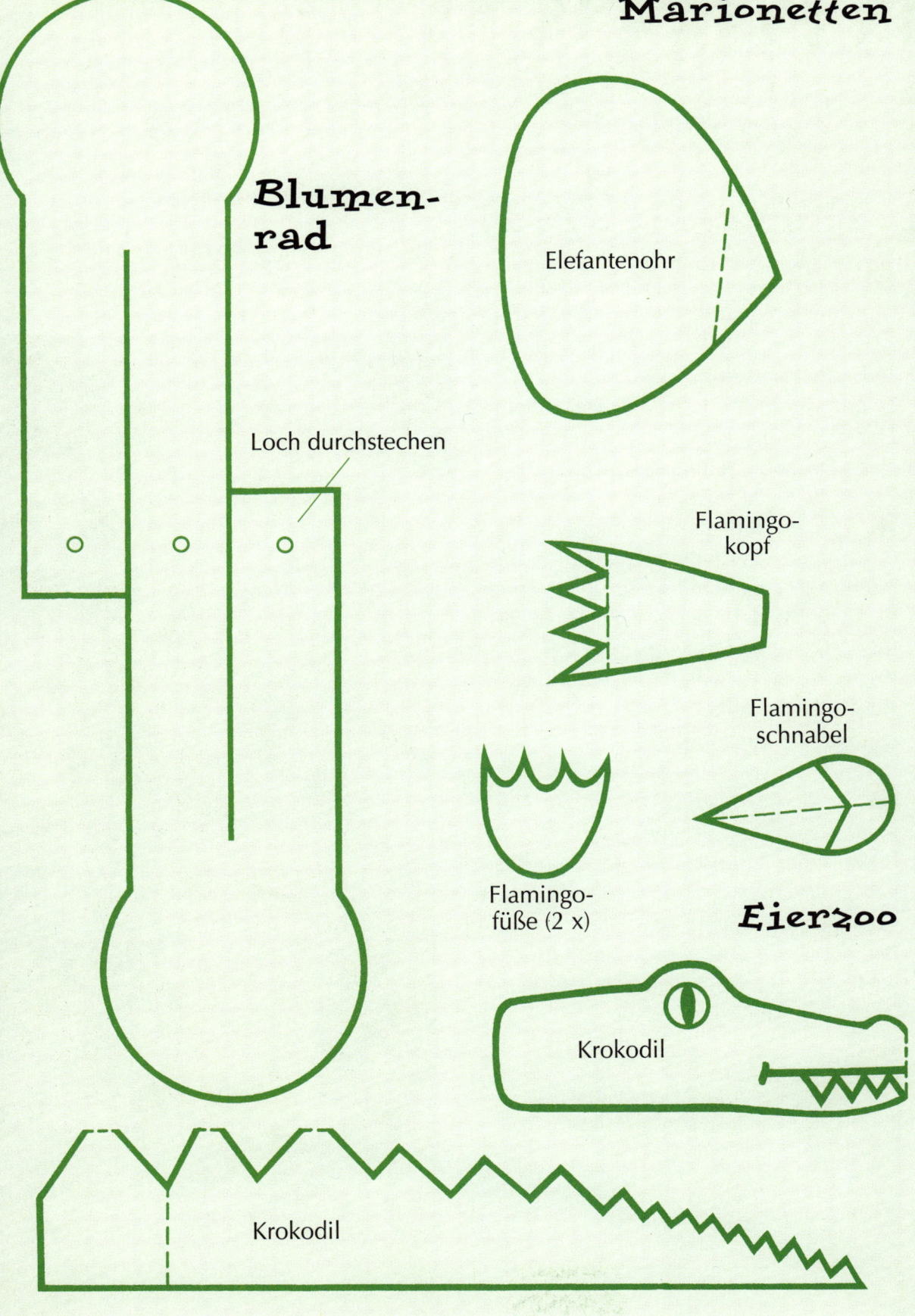

Marionetten

Blumen-rad

Elefantenohr

Loch durchstechen

Flamingo-kopf

Flamingo-schnabel

Flamingo-füße (2 x)

Eierzoo

Krokodil

Krokodil

Stehauf-männchen

Zuerst werden die Eier ausgeblasen und gut ausgespült. Während sie trocknen, kann man die Schokolade im Wasserbad erhitzen und das zweite Loch im Ei mit einem Klebestreifen verschließen. Dann wird das Ei zur Hälfte mit der flüssigen Schokoladenmasse gefüllt.

Um die Stehaufmännchen zur Ruhe zu bringen, werden sie mit Mänteln bedacht, die zugleich als Eierhalter dienen. Dazu schneidet man jeweils einen Streifen, 20 cm x 6 cm, in der passenden Farbe zu. Wenn man diesen zu einem Ring zusammenklebt, erhält man das entsprechende Gewand.

Für den Afrikaner wird ein zur Hälfte gefülltes Ei mit brauner Farbe bemalt. Wenn die Grundfarbe getrocknet ist, kann mit schwarzer und weißer Farbe das Gesicht aufgetragen werden. Der Afrikaner bekommt eine Kappe und einen geschlitzten Mantel aus hellblauem Papier, das mit Mustern verziert wird.

Der Chinese erhält einen langen Bart, der mit schwarzer Farbe auf das Ei gemalt wird. Die Augenpartie wird durch je zwei schräge Striche angedeutet.

Für den Hut fertigt man einen Kreis mit einem Durchmesser von 7 cm

Braune Eier • Tonpapier in Hellblau, Gelb, Ocker, Eierschalenfarben, Rot, Blau, Lila, Schwarz • Filzstift in Schwarz, Rot, Blau • Plaka-Farben in Rot, Blau, Braun • Trichter • Schokolade • Schmelztopf • Schere • Klebstoff • schwarze Wolle • Locher • Indianerperlen • Faden • Nadel • Klebestreifen

an, der an einer Stelle zusammengeklebt wird und mit Klebestoff auf dem Eierkopf befestigt wird. Sein Mantel wird durch drei Doppelreihen Knöpfe aufgepeppt. Die Knöpfe bestehen aus roten Tonpapierkreisen von einem Locher.

Dem Eskimo werden ebenfalls ein imposanter Bart und schräge Augenformen aufgemalt. Zudem erhält er noch schwarze Haare. Für die Kapuze wird ein Außenkreis mit einem Durchmesser von 7 cm und ein Innenkreis mit einem Durchmesser von 3 cm aus einem eierschalenfarbenen Tonpapier angefertigt. Durch diesen kann das Gesicht hindurchspitzen. Auf seinen Anorak wird mit schwarzem Filzstift ein Reißverschluss aufgemalt. Ein Zickzackmuster aus ockerfarbenem Tonpapier dekoriert Anorak wie Kapuze.

Das Indianermädchen bekommt blaue Streifen in ihr Gesicht gemalt. Die Zöpfe werden aus schwarzer Wolle geflochten und mit einem Stirnband sowie kleinen Indianerfedern aus buntem Tonpapier geschmückt und anschließend an den Eierkopf geklebt. Ihr ockerfarbenes Kleid wird mit rotem Filzstift verziert. Abschließend erhält sie noch eine Kette aus Indianerperlen.

45

Eierdorf

 Um den Stempel anzufertigen, wird aus einer Kartoffel eine ca. 1 cm lange und 0,5 cm breite Form herausgeschnitten.

 Mit einem Bleistift zeichnet man die Konturen von Fenster und Türen auf den Eiern an. Die roten Ziegel trägt man mit dem Kartoffelstempel auf. Bei den Rundbogenfenstern werden die Ziegel strahlenförmig verteilt. Die Zwischenräume können mit den Kanten der Kartoffeln gestempelt werden.

 Die Konturen der Fenster und der Türen werden mit grauer Farbe nachgefahren. Wenn die Farbe getrocknet ist, kann man die Fenster hellblau ausfüllen oder hübsche kleine Vorhänge in die Fenster malen.

 Für die Dächer der quer liegenden Eier schneidet man aus der Wellpappe 3,5 cm x 4 cm große Rechtecke zu. Wenn die unteren Kanten mit einer Zackenschere zugeschnitten werden, gewinnt man den Eindruck von Dachziegeln.

 Die senkrecht stehenden Häuschen erhalten ein rundes Dach. Dazu schnei-

det man zuerst einen Kreis von 4,5 cm Durchmesser zu und dann ein Segment von 2 cm Breite heraus. Die beiden Teile werden zu einem Dach zusammengeklebt und mit Klebstoff auf dem Ei befestigt.

Weiße Eier • Kartoffeln • Messer • rote Wellpappe • Plaka-Farben in Rot, Grau und Hellblau • Pinsel • Bleistift • Klebstoff • Schere • Zackenschere

Gründonnerstag

Mario-netten

Ausgeblasene Eier • Plaka-Farben in Pink, Hellblau und Grün • Pinsel • Tonpapier in Pink, Hellblau, Orange, Gelb, Weiß und Schwarz • Bleistift • Klebstoff • Schere • durchsichtiger Faden • für jedes Tier 2 dünne Holzstöckchen • Locher • hellblaue Wolle

Die Eier werden zuerst ausgeblasen und dann in den entsprechenden Farben der Tiere angemalt. Während die frisch bemalten Eier trocknen, können die Hexentreppen angefertigt werden.

Für einen Flamingo schneidet man sechs Streifen, je 55 cm x 1,5 cm, zu und faltet daraus Hexentreppen. Die Vorlagen für den Schnabel und die Füße werden von Seite 42 auf Tonpapier übertragen, ausgeschnitten und dann mit Klebstoff an Hals und Beinen befestigt.

Für den kleinen Vogel überträgt man die Flügel- und die Schnabelform von Seite 42 auf gelbes und orangefarbenes Tonpapier, schneidet sie zu und befestigt sie mit Klebstoff an dem bemalten Ei.

Die Pupillen entstehen mithilfe eines Lochers aus schwarzen Tonpapierkreisen.

Sie werden auf die etwas größer zugeschnittenen weißen Kreise geklebt und anschließend an dem Ei fixiert.

Für den Elefanten faltet man acht hellblaue Tonpapierstreifen, je 17 cm x 2 cm, zu Hexentreppen, die dann als Beine an dem Ei befestigt werden. Der Rüssel entsteht aus einem 50 cm x 1 cm großen Streifen, der ebenfalls zu einer Hexentreppe gefaltet wird.

Die Form der Elefantenohren wird von Seite 42 auf hellblaues Tonpapier übertragen, zugeschnitten und an dem Ei festgeklebt. Die Augen werden wie bei dem Vogel angefertigt und zwischen den beiden Ohren auf dem Ei fixiert. Das Schwänzchen besteht aus einem geflochtenen blauen Faden.

Zum Schluss wird an jedem Tier in der Eimitte und an den einzelnen Gliedmaßen jeweils ein durchsichtiger Faden befestigt. Das andere Fadenende wird an dem Führungskreuz fixiert.

Dieses Kreuz stellt man aus zwei gleich langen Holzstöckchen her, die in der Mitte zusammengebunden werden. An den Stockenden werden die einzelnen Fadenenden festgebunden.

Karfreitag

Karfreitag

Warum stiller Freitag?

Am Karfreitag gedenken die Christen der Kreuzigung Jesu. Da dieser Tag als Fasten- und Trauertag begangen wird, ist jeder unnötige Lärm verpönt. Die Männer verrichteten keine schweren und lauten Arbeiten wie Zimmern und Schustern. Auch sollte kein Wirtshaus besucht werden. Pfeifen, Singen sowie Musizieren waren ebenfalls untersagt. Das Gericht durfte nicht tagen. Oftmals wurden Straftäter begnadigt und Gefangene freigelassen. Auch die Kinder sollten nicht zu laut spielen. Beim Ballspielen hatten sie darauf zu achten, dass sie die Bälle an diesem Tag nicht überkreuz warfen. Da sowohl die Kirchenglocken als auch die Orgeln schweigen, wird der Karfreitag auch „Stiller Freitag" genannt.

Der Schlehdornstrauch

Pilatus, der damals römischer Statthalter war, verurteilte Jesus zum Tode. Auf seinem Weg zur Kreuzigung wurde er von vielen Menschen verhöhnt. Einige Schaulustige brachen die Zweige eines Schlehdornstrauches ab und wanden daraus einen Kranz. Den drückten sie Jesus auf den Kopf und riefen: „Da hast du deine Krone, König der Juden." Die Dornen waren so spitz, dass sie tiefe Wunden rissen und Jesus zu bluten begann. Als der Schlehdornstrauch sah, was die Männer mit seinen Zweigen machten, erschrak er sehr. Er flüsterte: „Bitte verzeih mir, Herr", und im Stillen dachte er: „Lieber wäre ich nie erschaffen worden, als ihn mit meinen Dornen zu verletzen." Jesus, der die Worte des Schlehdornstrauches gehört hatte, antwortete ebenfalls in der Pflanzensprache: „Du kannst nichts dafür, du bist nur das Werkzeug, nicht die Hand, die es führt." Aber der Schlehdorn ließ sich nicht trösten und seine Zweige wurden schwarz vor Kummer. Jesus lächelte und berührte die Dornenkrone mit seinen Fingern. Da brachen alle Knospen des Schlehdornstrauches auf und erstrahlten als Zeichen seiner Unschuld in Weiß.

Warum die Trauer-
weide so traurig ist

Einst war die Weide ein stolzer Baum, der seine Zweige hoch in den Himmel reckte. Nun geschah es, dass Jesus auf seinem Weg zur Kreuzigung an dieser Weide vorbeikam. Den Aufpassern ging der mit einem schweren Kreuz beladene Jesus zu langsam. Da versuchten sie der Weide einige junge Zweige abzureißen, um ihn damit anzutreiben.

Zunächst sträubte sich die Weide heftig, als sie jedoch merkte, dass die Männer nicht locker ließen, dachte sie: „Wenn ich einen Zweig hergebe, werden sie mich vielleicht in Ruhe lassen." Aber die Männer gaben nicht nach und rissen ihr die schönsten Zweige ab. Vor Schmerz beugte sich die stolze Weide tief hinab.

Die Männer banden die Zweige zu Ruten zusammen und schlugen damit auf den wehrlosen Jesus ein. Als die Weide dies sah, schämte sie sich so sehr, dass sie ihre Zweige und Blätter auf ewig hängen ließ und niemals mehr aufrichtete.

Gebildebrot und Kreuzbrot

Zutaten: (für 8 Brote oder einen Hahn und 3 Brote)
- 600 g Mehl
- Hefe (42 g)
- 30 g Zucker
- 1 Prise Salz
- 100 g weiche Butter
- ¼ l Milch
- 1 Ei
- 3 Eigelb
- Fett für das Backblech oder Backpapier

Hefeteig

Mehl in eine Schüssel geben und eine Mulde hineindrücken. Hefe zwischen den Fingern zerreiben und in die Mitte der Mulde geben. Zucker, Salz, Ei, Eigelb und weiche Butter auf dem Mehlrand verteilen. Warme Milch über die Hefe gießen und alles zu einem Hefeteig kneten.

Den durchgekneteten Vorteig auf die Arbeitsfläche legen und kräftig durchschlagen. Zu einer Kugel formen und zugedeckt ca. 25 Minuten lang an einem warmen Ort gehen lassen, bis sich das Volumen verdoppelt hat.

Gebildebrote

Für die Gebildebrote den Teig zu einer großen Rolle formen. Für jedes Brot eine Scheibe, ca. 1 cm, abschneiden und nochmals mit den Händen rollen. Nach den Grafiken auf Seite 55 eine Brotart formen. Das Gebildebrot auf dem Blech acht bis zehn Minuten gehen lassen.

Eigelb mit der Milch verrühren und damit das Brot bestreichen. Bei 200 °C (Gas: Stufe 3) auf der unteren Einschubleiste 18 bis 20 Minuten backen.

Hahn

Für den Hahn den restlichen Teig ca. 1,5 cm dick ausrollen. Mit einem scharfen Messer die Konturen herausschneiden und die Federn gestalten. Eine Rosine als Auge verwenden. Mit der Mischung aus Eigelb und Milch bestreichen und wie oben beschrieben goldbraun backen.

Kreuzbrot

Für das Kreuzbrot eine Prise Zimt und Rosinen in den Teig kneten. Eine Rolle formen und diese der Länge nach in Scheiben schneiden. Jede Scheibe zu einem runden Brötchen formen. Dann ein Kreuz hineinschneiden. Mit der Mischung aus Eigelb und Milch bestreichen und wie oben beschrieben backen.

Osterhasen

Zutaten: (für 2 Hasen)
für den Teig:
- 150 g Butter
- 50 g Speisestärke
- 2 TL Backpulver
- 125 g Zucker
- 2 Pck. Vanillezucker
- 1 Prise Salz
- 2 Pck. Citro-back
- 3 Eier
- 100 g Mehl
- 2 Pck. Schoko-Tröpfchen
- Semmelbrösel
- 2 Hasenformen

für die Dekoration:
- 1 Kuchenglasur Vollmilch
- 1 Kuchenglasur Zitrone
- 1 Pck. Zuckerstreusel
- 1 Pck. Gebäckschmuck
- 1 Pck. Zuckerschrift

Butter, Zucker, Vanillezucker, Salz und Citro-back in einer Schüssel verrühren. Unter dem Rühren die Eier zugeben. Mehl, Speisestärke und Backpulver mischen und hinzufügen. Zum Schluss die Schoko-Tröpfchen beimischen.

Teig in zwei gut eingefettete und mit Semmelbrösel bestreute Hasenformen füllen. Im vorgeheizten Backofen ca. 50 Minuten bei 175 °C (Gas: Stufe 2) backen. Nach dem Backen noch ca. zehn Minuten in der Form ruhen lassen. Diese dann öffnen und die Hasen auf einem Kuchengitter abkühlen lassen.

Kuchenglasuren nach Packungsangaben schmelzen. Den einen Hasen mit der Vollmilchglasur und den anderen mit der Zitronenglasur überziehen. Dann beide mit Zuckerstreusel und Gebäckschmuck verzieren. Wenn die Verzierung getrocknet ist, Augen, Nase und Ohren mit Zuckerschrift aufmalen.

Sonnenkreuz   Kreuzbrot

Hahn

Sonnen-   Sonnen-
bögen   lauf

Schmucke Kerzen

Kerzen verzieren

🕯️ Für die gestreiften Kerzen werden die Wachsplatten auf einem Holzbrett in kurze und lange Streifen geschnitten. Die Streifen drückt man so lange auf die Kerzen, bis sie durch die Wärme der Hand von selbst haften bleiben.

🕯️ Die bunten Buchstaben für „Frohe Ostern" werden zuerst auf verschiedenfarbigen Wachsplatten vorgezeichnet und

Kerzen in verschiedenen Größen und Farben • Knetwachs in unterschiedlichen Farben • verschiedenfarbige Wachsplatten • leere Eier • Zahnstocher • Dochte aus Baumwolle • verschiedenfarbige Kerzenreste oder weiße Kerzen • Färbestifte für Wachs • Holzbrett • Messer • Lineal • Zeitungspapier als Unterlage • Blechdose • Zange • evtl. Eierkarton

dann mit einem Messer ausgeschnitten. Anschließend werden sie an der Kerze fixiert.

🕯️ Die Tulpenblüte schneidet man aus einer gelben Knetwachsplatte und den Stängel sowie die Blätter aus einer grünen zu und formt sie mit den Händen nach. In die Blätter werden mit einem Messer feine Linien geritzt, die die Blattadern darstellen sollen. Anschließend werden Blüte, Stängel sowie Blätter sehr fest auf die Kerze gedrückt.

🕯️ Die langen, schmalen Kerzen werden mit kleinen Kugeln aus Knetwachs verziert. Auch ganz kleinen Kindern bereitet das Formen von Kügelchen aus Knete viel Spaß. Beim Fixieren an der Kerze kann etwas nachgeholfen werden.

Kerzen gießen

🕯️ Für die Eierkerzen deckt man zunächst die Arbeitsfläche großzügig mit Zeitungspapier ab. Die leeren Eierschalen, z. B. von einem Frühstücksei, werden gut ausgespült, damit sie sich anschließend leichter abpellen lassen. Zum Abtropfen kann man sie in einen Eierkarton stellen.

Eine Blechdose in ein Wasserbad stellen und die Kerzenreste darin schmelzen. Die weißen Kerzen können mit einem Färbestift eingefärbt werden.

Mit einer Zange hebt man die Blechdose aus dem Wasserbad und gießt das geschmolzene Wachs in die Eierschalen. Das eine Ende des Dochtes wird an einen Zahnstocher gebunden, das andere Ende hängt man in das flüssige Wachs.

Wenn das Wachs fest geworden ist, kann man die Eierschale abpellen. Besondere Effekte werden erzielt, wenn man verschiedene Farbschichten übereinander gießt. Dafür muss jede Schicht aber erst erkalten.

Ostersamstag

Ostersamstag

Osterfeuer

Am Karsamstag wird meist vor der Kirche ein Feuer aus einem Stein entfacht. Die sprühenden Funken symbolisieren die Auferstehung Jesu aus dem steinernen Grab. An dem Feuer zündet der Priester die Osterkerze an und trägt sie in die dunkle Kirche hinein. Jeder Kirchenbesucher lässt nun seine mitgebrachten Speisen weihen und geht mit seinem an der Osterkerze entzündeten Osterlicht durch die dunkle Nacht nach Hause.

Das Osterfeuer regt aber auch zu vielen Wünschen und Hoffnungen an. Liebespaare springen Hand in Hand über das Feuer im Glauben, dass dieser mutige Sprung ihnen ein langes gemeinsames Leben beschert. Junge Bauern, die diesen Sprung ebenfalls wagen, hoffen dabei auf eine reiche Ernte.

Aber oh weh! Wenn jemand dabei stürzt, dann sagt man ihm noch im gleichen Jahr ein großes Unglück voraus. Abwenden lässt sich das Unheil nicht, aber abmildern, indem man sein Gesicht etwas mit der Asche des Osterfeuers schwärzt.

Osterwasser

Auch dem Osterwasser sagt man eine ganz besondere Kraft nach: Heimlich machen sich die jungen Mädchen in der sternklaren Osternacht zu einem Bach oder Fluss auf. Wenn sie sich dort mit dem Wasser waschen, sollen sie nicht nur viel schöner werden, sondern auch das ganze Jahr über gesund bleiben.

Sehr glücklich kann sich das Mädchen schätzen, das in dem Gewässer nicht nur den Sternenhimmel, sondern auch das Gesicht ihres Liebsten gesehen hat. Die Hochzeit ist dann nicht mehr fern.

Jedoch gehen die Wünsche nur dann in Erfüllung, wenn die Mädchen auf dem Hin- und Rückweg keinen Laut von sich geben. Einige Jungen lauern den Mädchen auf und versuchen sie durch Neckereien zum Lachen zu bringen. Gelingt ihnen dies, wird der ganze Zauber unwirksam und das Wasser verwandelt sich in ein ganz gewöhnliches Plauder- oder Quellwasser zurück.

Eierboten

Die Eier sind für die Kinder die Hauptattraktion an Ostern. Dabei ist es vielleicht gar nicht so wichtig, wer sie bringt. Denn nicht immer war dies der Osterhase. So überraschte in Schleswig-Holstein der Osterhahn, in Thüringen der Osterstorch, in Sachsen der Osterfuchs und in der Schweiz der Kuckuck die Kinder mit bunten Eiern.

Ostersamstag

Fingerspiel

Fünf Männlein sind
in den Wald gegangen,
die wollten den
Osterhasen fangen.

Der zweite, der sagte:
„Da sitzt
er ja!"

Der dritte, der lange,
der wurde gar bange
und fing an zu weinen:
„Ich sehe keinen!"

Der vierte,
der sagte:
„Das ist mir
zu dumm,
ich kehr
wieder
um!"

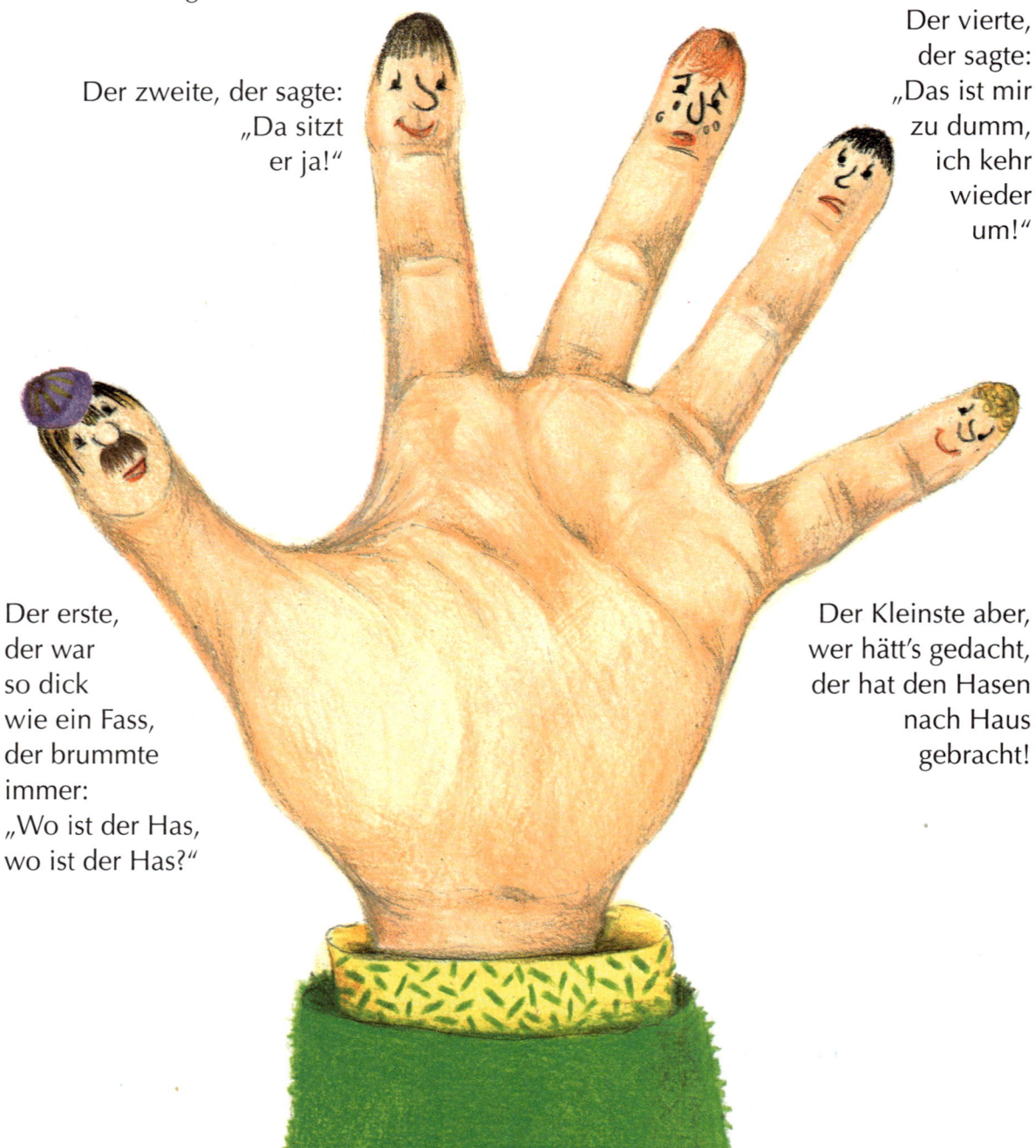

Der erste,
der war
so dick
wie ein Fass,
der brummte
immer:
„Wo ist der Has,
wo ist der Has?"

Der Kleinste aber,
wer hätt's gedacht,
der hat den Hasen
nach Haus
gebracht!

Der Osterhase

Schaut, wer sitzt denn dort im Gras? Stil - le, still, der Has', der Has'!

Guckt mit sei-nem lan-gen Ohr aus dem grü-nen Gras her-vor.

Lasst uns schau-en, was im Nest liegt so ku-gelrund und fest.

Eier, blau und grün und fleckig,
Eier, rot und gelb und scheckig.
Häslein in dem grünen Wald,

bin dir gut und dank dir halt.
Häslein mit dem langen Ohr,
dank dir tausendmal davor!

Keksküken

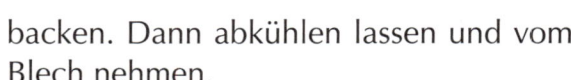

Zutaten: (für ca. 10 Stück)
für den Makronenteig:
- 600 g Marzipanrohmasse
- 400 g Zucker
- 2 TL fein abgeriebene Zitronenschalen
- 5 Eiweiß
- 30 g Mehl

für die Füllung:
- 100 g Nougatmasse
- 100 g Marzipanrohmasse
- gelbe Lebensmittelfarbe
- 1 Eiweiß
- 225 g Puderzucker
- Backpapier
- halbrunde, gewellte Förmchen

Marzipanrohmasse mit Zucker und Zitronenschalen in einer Schüssel verrühren. Das flüssige Eiweiß nach und nach zugeben. Anschließend das Mehl hinzufügen und alles gut verkneten. Die Masse über Nacht ruhen lassen.

Makronenmasse in einen Spritzbeutel mit einer großen Öffnung füllen. Für den Kükenkörper einen großen Kreis, 6 cm Ø, spritzen sowie rechts und links überlappend zwei kleine Kreise für Kopf und Schwanzteil anlegen. Für ein Küken braucht man zweimal den Körper und einmal einen großen Kreis als Fuß.

Die Plätzchen im vorgeheizten Backofen bei 175 °C (Gas: Stufe 2) auf der mittleren Einschubleiste ca. 15 Minuten backen. Dann abkühlen lassen und vom Blech nehmen.

Für die Füllung die Nougatmasse so lange im Wasserbad erwärmen, bis sie geschmeidig wird. Dann die Masse auf eine Hälfte des Kükenkörpers streichen und die andere fest andrücken. Erkalten lassen und die Körper auf ein ebenfalls mit Nougat bestrichenes Plätzchen, das als Fuß dient, drücken.

Anschließend die Marzipanrohmasse mit 25 g Puderzucker verkneten und mit der Lebensmittelfarbe färben. Masse ca. 1 cm dick auf einer mit Puderzucker bestäubten Arbeitsfläche ausrollen und die Kükenhäubchen mit einem gewellten Förmchen ausstechen. Die Form halbieren und dem Küken als Haube aufdrücken.

Aus den Marzipanresten die Schnäbel formen. Den restlichen Puderzucker mit dem Eiweiß verrühren und jedem Küken damit Augen aufspritzen. Mit den Nougatresten kleine Pupillen auftupfen.

Kuchen in Eierschalen

Den Hefeteig, wie auf Seite 54 beschrieben, zubereiten. Die Eierschalen auswaschen und innen mit etwas Sonnenblumenöl bestreichen. Den Teig hineingeben und die Eier in die kleinen Tontöpfe setzen. Auf der mittleren Einschubleiste bei 200 °C (Gas: Stufe 3) ca. 15 Minuten goldbraun backen, dann auskühlen lassen.

Zutaten: (1/4 der angegebenen Teigmenge reicht für ca. 8 kleine Kuchen)
- 600 g Mehl
- Hefe (42 g)
- 30 g Zucker
- 1 Prise Salz
- 100 g weiche Butter
- 1/4 l Milch
- 1 Ei
- 3 Eigelb
- Sonnenblumenöl
- 8 Eierschalen
- kleine Tontöpfe
- Backpapier

Oster-baum

In gleichmäßigen Abständen werden, wie in der Grafik dargestellt, die drei kleinen Stöcke mit Draht an den langen Stock gebunden. Dabei beginnt man mit dem kürzesten Stock.

Nun wird der Buchsbaum an dem Baum befestigt. Man nimmt dazu einen Buchsbaumbuschen und wickelt ihn mit dem Draht um die Stange. Am besten beginnt man bei der Baumspitze und arbeitet sich über die Querverstrebungen nach unten. Zwischen den einzelnen Buschen kann man ca. 10 cm Platz lassen, bevor man mit dem nächsten Buschen ansetzt.

Je nachdem, wo man den Osterbaum platzieren möchte, lässt man ca.

einen halben Meter des unteren Stockteils frei. Das untere Ende wird dann mit einem Geschenkband und einer großen Schleife verziert.

Nun können die ausgeblasenen Eier bemalt werden. Nach dem Trocknen fixiert man eine Holzperle an einem blauen Faden. Den Faden zieht man mit einer Häkelnadel durch das Ei und befestigt ihn an dem Osterbaum.

Genauso verfährt man mit den anderen elf Eiern, die in gleichmäßigen Abständen, wie auf dem Foto dargestellt, an den Querverstrebungen des Osterbaums befestigt werden. Den Osterbaum kann man entweder in den Rasen oder in einen Blumentopf stecken und auf den Balkon stellen.

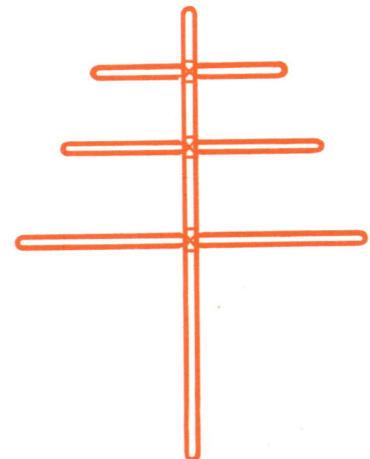

4 Holzstäbe in Längen von: 1,30 cm, 70 cm, 50 cm, 30 cm • Bindedraht • Zange • Buchsbaum • Geschenkbänder • Klebstoff • 12 ausgeblasene Ostereier • 12 verschiedenfarbige Holzperlen, 0,7 cm Ø • blauer Baumwollfaden • Häkelnadel • Plaka-Farben in Rot, Gelb, Grün und Blau • Pinsel

Heuhase mit Kiepe

Heuhase

Um den Körper des Hasen anzufertigen, verwendet man ein Bündel Heu, das mit Bindedraht zu einem runden Knäuel gewickelt wird. Man gibt so lange Heu dazu, bis die gewünschte Körpergröße ohne Kopf erreicht wird.

Der Bauch wird angefertigt, indem man noch etwas Heu zugibt, dieses aber nur an den oberen und unteren Heuenden um den Körper wickelt. Die Mitte lässt man dabei schön dick.

Für den Hasenkopf wird ein Heuknäuel fest umwickelt. Die Schnauze fertigt man wie den Bauch an, nur kleiner.

Pfoten, Füße und Schwanz entstehen, wenn man einen möglichst langen Strang Heu nimmt, ihn vorn umbiegt und mit Draht umwickelt. Dabei dürfen die umgebogenen Enden nicht fest gewickelt werden, da sie die runden Pfoten oder das Schwanzende bilden.

1 Paket möglichst langes Heu aus dem Zoobedarf • Bindedraht • Zange • Hasengitter, 45 cm x 20 cm • Geschenkband • Haarnadeln • Schere • weißer Tonkartonrest • schwarzer Filzstift • 2 Stecknadeln mit weißen oder schwarzen Köpfen

Die Ohren werden spitz zulaufend aus nicht geknicktem Heu gebunden. Die einzelnen Teile werden, wie in der Grafik dargestellt, mit Haarnadeln zusammengesteckt und abschließend noch einmal mit Draht umwickelt.

Die Augen werden aus weißem Tonkarton zugeschnitten, die Pupillen malt man mit einem schwarzen Filzstift auf. Mit je einer Stecknadel werden die Augen auf dem Hasenkopf platziert.

Kiepe

Die Kiepe besteht aus Hasengitter, das zu einem Rechteck gebogen wird. An einer Seite sowie unten wird das Gitter mit Draht verschlossen. Dazu fädelt man den Draht durch die einzelnen Gitterlöcher.

Für die Gurte nimmt man ein Geschenkband doppelt und bindet es oben an beiden Korbseiten fest. Die Gurte werden dem Hasen wie bei einem Rucksack über die Schultern gelegt und unten an der Kiepe befestigt. Zum Schluss füllt man die Kiepe mit bunten Eiern.

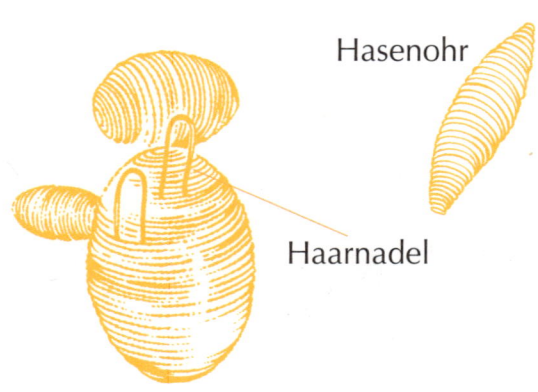

Hasenohr

Haarnadel

Tischdecke bemalen

🐥 Zuerst wird der ungesäumte Stoff gebügelt. Dann misst man den Tisch aus und gibt zu diesem Maß an jeder Seite 5 cm dazu. Das Ergebnis wird durch die Ziffer Fünf oder Sechs geteilt, je nachdem, wie die rechteckige Bordüre platziert werden soll. Mit einem Phantomstift werden die Umrisse der Bordüre angezeichnet.

🐥 Mit dem Lassoband werden entlang der markierten Linie zuerst eine Seite und dann die Querlinien zum Quadrat abgeklebt. In einem Abstand von 2 cm wird die innere Begrenzung fixiert.

🐥 Bevor man mit dem Ausmalen der Zwischenräume beginnt, wird ein Stück Pappe untergeschoben. Wenn die Farbe gut getrocknet ist, kann man die Punkte mit dem Stupfpinsel auftupfen.

🐥 Die Vorlagen für die Tulpen werden von Seite 74 auf Papier übertragen und zugeschnitten. Dann legt man die Schablonen in die Quadrate auf die Decke. Mit einem Phantomstift werden die Konturen der Vorlagen nachgezeichnet.

🐥 Anschließend können die Tulpen und die Eier ausgemalt werden. Nachdem die Farbe getrocknet ist, werden die Linien mit Punkten oder Streifen verziert. Zum Schluss wird die Tischdecke gesäumt und gebügelt.

✂️ Für die Tischdecke: weißes Baumwoll-Leinengemisch, 2,5 m x 1,40 m • Stoffmalfarben in Gelb, Orange, Pink, Rot, Violett, Hyazinthenblau, Blau, Gelbgrün, Grün und Smaragd • Flachpinsel • Stupfpinsel • Lassoband • Pappe als Unterlage • weißes Nähgarn • Bügeleisen • Metermaß • Phantomstift • Papier • Bleistift • Schere

Frühlings-motive

Die Tulpe und den Schmetterling überträgt man von Seite 74 auf weißes Papier. Diese Schablonen können für mehrere Motive verwendet werden. Die Tulpen werden aus Fotokarton gefertigt und die Schmetterlinge aus Tonpapier im Faltschnitt gearbeitet. Dazu werden sie in der Mitte zusammengefaltet und dann ausgeschnitten.

Bevor man die Flügel mit einem Locher oder einer Nadel locht, werden die Schmetterlinge an der gekennzeichneten Stelle nochmals in die andere Richtung gefaltet. Zum Aufhängen befestigt man in der Mitte des Körpers einen Faden oder man fixiert die Schmetterlinge mit etwas Klebewachs an den Tulpen.

Die Tulpen und die Blätter werden zweimal, der Stängel nur einmal zugeschnitten. Die Blätter werden noch einmal in der Mitte gefaltet und dann an den Stängel geklebt.

Den einen Teil der Tulpenblüte fixiert man mit Klebstoff an dem Stängel, den anderen Teil steckt man in die befestigte Blüte. Damit man die Blumen aufhängen kann, wird an der festgeklebten Tulpenblüte ein Faden angebracht.

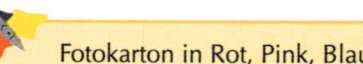

Fotokarton in Rot, Pink, Blau und Grün
• Tonpapier in Orange, Lila und Türkis
• weißes Papier • Schere • Schneidemesser
• Klebstoff • Locher • Bleistift
• durchsichtiger Faden • Klebewachs

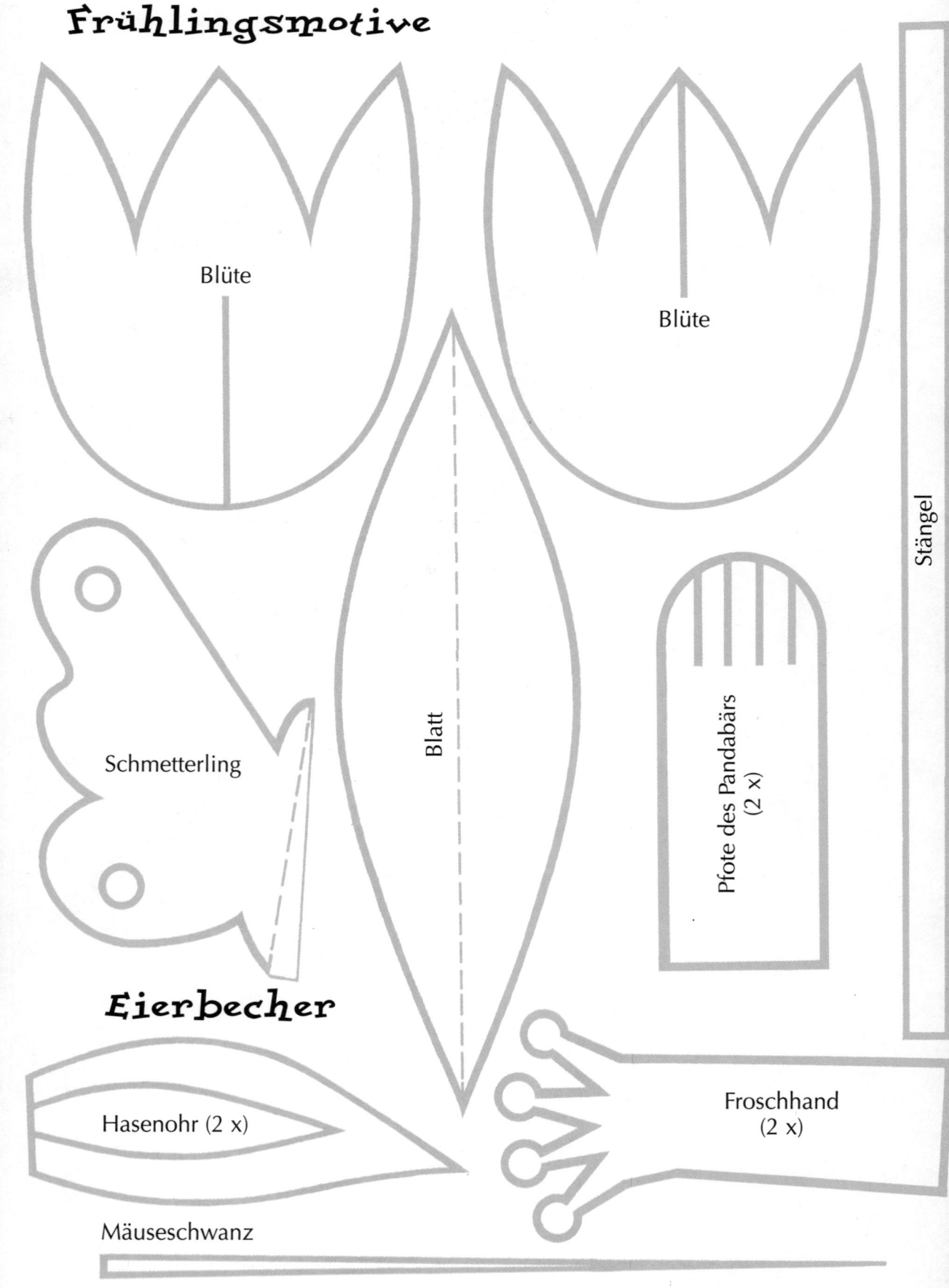

Frühlingsmotive

Blüte

Blüte

Stängel

Schmetterling

Blatt

Pfote des Pandabärs
(2 x)

Eierbecher

Hasenohr (2 x)

Froschhand
(2 x)

Mäuseschwanz

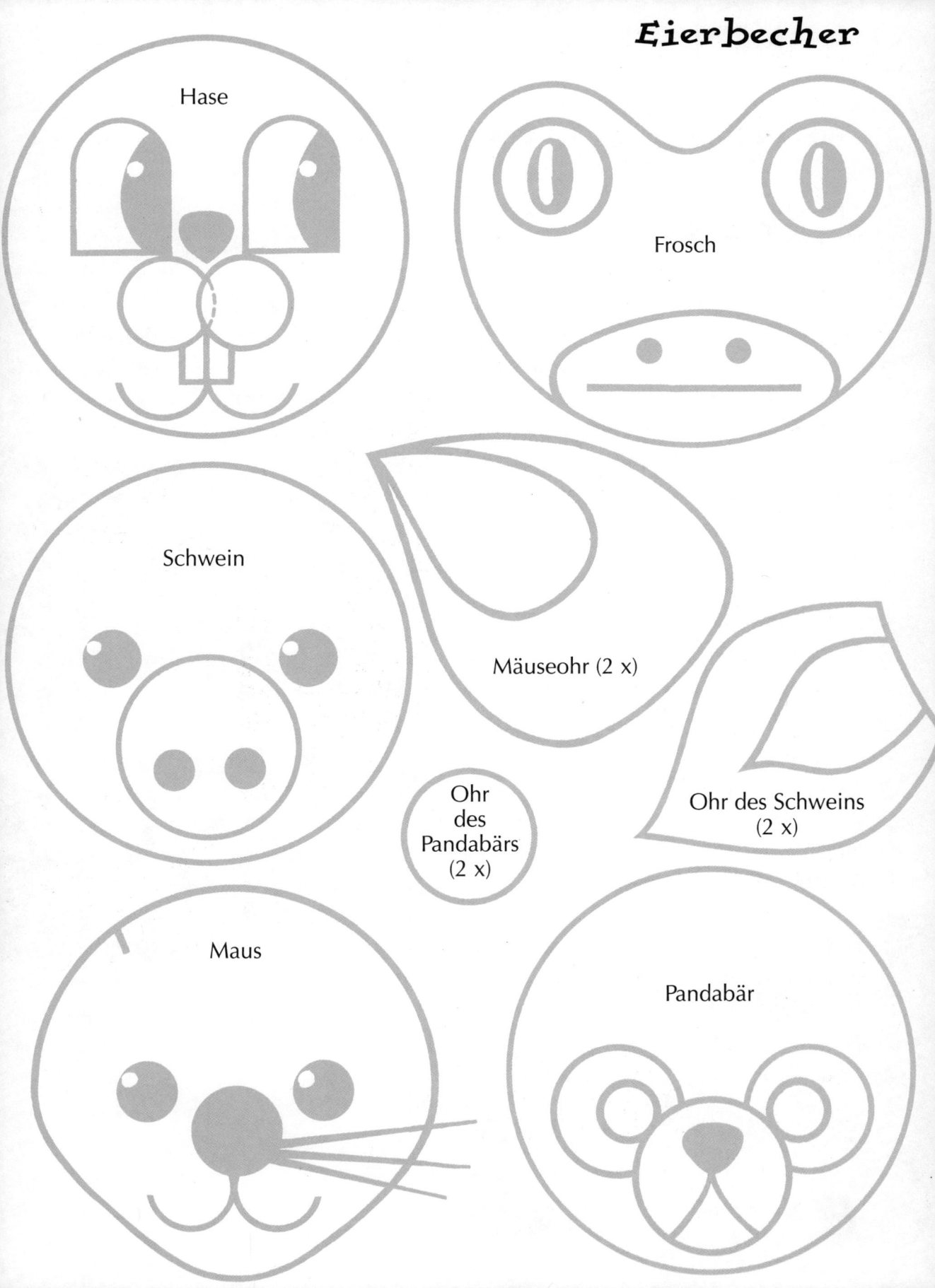

Eierbecher

Hase

Frosch

Schwein

Mäuseohr (2 x)

Ohr des Pandabärs (2 x)

Ohr des Schweins (2 x)

Maus

Pandabär

Tierische Eierbecher

Die gewünschten Motive überträgt man von den Seiten 74 und 75 auf Tonpapier und schneidet sie aus. Dann werden für die Eierständer 21 cm x 5 cm große Papierstreifen zugeschnitten und zu einem Ring zusammengeklebt.

Nun können die Gesichtspartien an den Kopf geklebt werden. Mund, Nase und Pupillen werden mit einem schwarzen Filzstift aufgezeichnet. Anschließend wird der fertiggestellte Kopf an den passenden Ring geklebt.

Um die Ohren anzufertigen, werden zuerst die Innenohren an den Ohren festgeklebt, dann können die Ohren am Kopf fixiert werden. Zum Schluss werden die Finger mit einem schwarzen Filzstift angedeutet und die Hände an die Rolle geklebt.

Tonpapier in den Farben Gelb, Rosa, Hellblau, Grün, Braun, Schwarz und Weiß • Filzstift in Schwarz • Schere • Klebstoff • Lineal • Locher

Vasen aus Eierschalen

Bei der Gestaltung der Vasen sind mehrere Variationen möglich. Sehr apart sieht eine Eierschale aus, die auf einem Holzrad oder einem umgedrehten Türknauf aufgeklebt wird.

Wenn man dazwischen eine Holzperle befestigt oder drei Holzperlen als Füße an die Unterseite des Eis klebt, erhält man ganz individuelle Vasen.

Ebenso können einige Perlen auf einen Draht gezogen werden, den man zu einem Ring schließt und als Ständer unter eine Eierschale klebt.

Man bemalt einen Türknauf, eine Holzperle, eine Astlochscheibe sowie eine Eierschale in verschiedenen Farben und setzt sie in der gleichen Reihenfolge mit Klebstoff zusammen.

Wenn der Klebstoff getrocknet ist, können die bisher noch nicht bemalten Vasen beliebig farbig gestaltet werden.

Zum Schluss wird das untere Loch der Eier mit etwas Farbe so verschlossen, dass kein Wasser mehr auslaufen kann.

Halbe oder drei viertel große Eierschalen • Holzperlen, 0,7 cm Ø, in Gelb, Pink und Grün • Draht • Zange • Holzleim • Acrylfarben in Gelb, Orange, Pink, Lila, Blau und Hellgrün • Holzräder, 3,5 cm Ø • Türknauf, 4,5 cm Ø • Klebstoff • Astlochscheiben, 2 cm bis 3 cm Ø, aus dem Baumarkt • Pinsel

Nester aus der Natur

Nest aus Bärengras

 Die Bärengrasbüschel werden zu einem Ring gelegt und fest mit Bast umwickelt. Die restlichen Grasbüschel werden so lange um den Ring geschlungen, bis das Nest die gewünschte Größe erreicht hat. Das zweite Nest wird genauso, nur etwas größer, gearbeitet und unter das erste gesetzt.

 Als Halterung für die Osternester werden einige Äste mit Bindedraht so über Kreuz zusammengebunden, dass die Nester gut darin Platz finden.

Blütennest

 Das Blütennest besteht aus drei Bündeln Tiki-Farn, die mit Bindedraht zu einem Ring zusammengebunden werden. In gleichmäßigen Abständen werden dabei die einzelnen Feinstrahlastern dazugebunden.

 Zum Schluss werden einige Feinstrahlastern zusammengenommen und zu einem kleinen Strauß gebunden. Bevor man die Feinstrahlastern an dem Ring platziert, kann man sie provisorisch anordnen. Hat man den entsprechenden Platz gefunden, werden sie mit Draht fixiert. Das Nest wird nun auf einen dekorativen Teller gesetzt und mit bunt bemalten Eiern gefüllt.

Blattnest

 Für dieses hübsche Naturnest wird zuerst der Stiel von einem schönen Arthurienblatt mit einem scharfen Messer entfernt. Dann wird das Blatt auf einen Teller gelegt und mit einem Ei dekoriert, das passend zur Farbe des Tellers bemalt werden kann. Abschließend drapiert man noch einige Feinstrahlastern dazu.

Bärengras • Arthurienblatt • 3 Bündel Tiki-Farn • Feinstrahlastern oder Septemberkraut • Bindedraht • Zange • dünne Äste von einer Korkenzieherweide • Bast • Messer

Blumen-nester

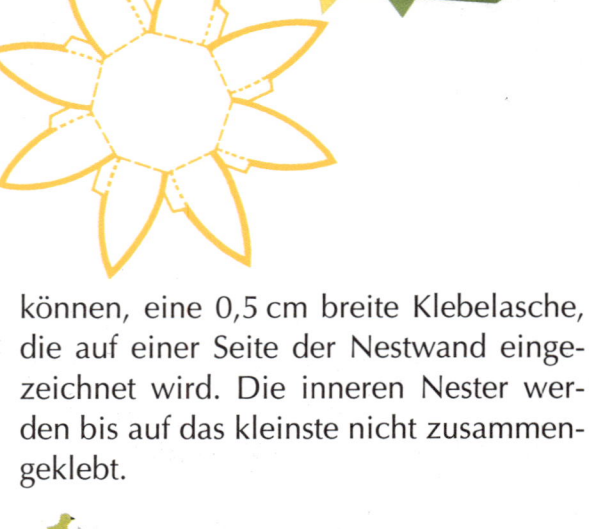

Bei diesem Blumennest passen alle Teile ineinander. Zudem werden sie nach dem gleichen Prinzip gearbeitet. Für die großen Nester verwendet man den Teller-rand eines Suppentellers, für die kleinen Nester den einer Untertasse.

Den Umfang eines Blumennestes erhält man, indem man den Durchmesser des Tellers oder der Untertasse mit 3,14 multipliziert. Das Ergebnis wird durch die gewünschte Blütenanzahl geteilt.

Der auf diese Weise erhaltene An-satz der einzelnen Blätter des Fünf- oder des Achtecks wird mit einem hoch gestell-ten Lineal auf dem Umfang angezeichnet. Wenn man das Lineal nicht hoch stellt, er-hält man zu kurze Abschnitte.

Die großen Blumen sind achteckig, die kleinen fünfeckig. Nun wird, wie in der Grafik dargestellt, die Höhe der Sei-tenteile senkrecht zu den Geraden ein-gezeichnet, und zwar bei den großen Nestern 7 cm, bei den kleinen 5 cm. Die Blütenspitzen können entweder spitz zu-laufen oder leicht abgerundet werden.

Wenn man mehrere Blumennester ineinander stellen möchte, benötigt das äußere Nest, um verschlossen werden zu können, eine 0,5 cm breite Klebelasche, die auf einer Seite der Nestwand einge-zeichnet wird. Die inneren Nester wer-den bis auf das kleinste nicht zusammen-geklebt.

Nun werden die Nester ausge-schnitten und zusammengeklebt. Hübsch sieht es aus, wenn die einzelnen Blüten-blätter noch etwas nach unten gebogen werden.

Tonpapier in Gelb, Gelbgrün, Hellgrün, Grün, Orange und Rot • Schere • Lineal • Bleistift • Klebstoff • Taschenrechner • Suppenteller • Untertasse

Ostersonntag

Ostersonntag
Osterfest

In manchen Gegenden gingen die Menschen kurz nach Mitternacht auf einen Berg oder an den Meeresstrand, um dort, am Tag der Auferstehung, die aufgehende Sonne dreimal vor Freude springen zu sehen. Wieder zu Hause werden die zuvor geweihten Speisen auf dem Ostertisch ausgebreitet. Dazu gehören Salz als Symbol des Lebens, Meerrettich als Vertreter der Pflanzen, etwas Schinken, der für die tierische Nahrung steht, sowie Brot und Osterfladen. Nach dem Osterfrühstück beginnt der wohl aufregendste Teil des Tages mit der spannenden Suche nach den gut versteckten Ostereiern.

Das Osterfest lässt man am Ostermontag mit einem ausgedehnten Spaziergang ausklingen.

Wann ist Ostern?

Ostern ist ein vom Mondwechsel abhängiges Fest, das immer an einem Sonntag zwischen dem 22. März und 25. April stattfindet. Im Jahre 325 wurde am Kirchenkonzil von Nicäa der Frühlingsanfang auf den 21. März, die Tagundnachtgleiche, festgesetzt. An ihm sind, wie der Name sagt, Tag und Nacht gleich lang. Daher ist am Sonntag nach dem ersten Frühlingsvollmond Ostern.

Ostara

Vor langer Zeit, als die Germanen noch an Götter glaubten, feierten sie im Frühling ein Fest zu Ehren der Ostara. So wurde die Göttin des aufsteigenden Lichts genannt. Begleitet wurde sie von kleinen Elfen, Hasen und manchmal auch von einem Storch – alles Sinnbilder für die Fruchtbarkeit. Das Wort Ostern lehnt sich jedoch nicht an den Namen der schönen Göttin Ostara an, sondern entwickelte sich aus dem althochdeutschen Wort „ìstarun", was so viel wie „Morgenröte" bedeutet.

Das Oster-ABC

 lle Vögel
singen schon,

 lumen blühn
im Garten,

 rocus,
Veilchen,
Anemon,

 ie verschämten,
zarten.

 ine Amsel
schwatzt vom
Mai,

 erne blasen
Hörner,

 locken läuten
nahebei,

 ühnchen
suchen Körner.

 da flicht
sich einen
Kranz,

 akob neckt ein
Zicklein,

 üsters Frieda
träumt vom
Tanz,

 udwig macht
sich piekfein.

 utter Margaretha
fährt

 obel zur
Kapelle.

 ttokar,
der Mops,
verzehrt

 lätzchen auf
der Schwelle.

 uicklebendig
wird´s im
Haus:

 uth und
Xaver
Meier

 uchen fleißig
drin und drauß

 aubenblaue
Eier.

 nterm Bett,
in Uhr
und Hut,

 ase, Topf
und Lade

 ühlen sie.
Da findet Ruth

 avers
Schokolade.

 psilon, ist
das nicht nett?

 ett!

James Krüss

Eierlauf

Zuerst wird im Garten oder in der Wohnung eine Rennstrecke mit Start und Ziel abgesteckt. Dann erhält jeder Mitspieler einen Löffel und ein Ei. Die Kinder legen das Ei auf den Löffel und stellen sich an der Startlinie auf. Wenn der Spielleiter „Auf die Plätze! Fertig! Los!" ruft, spurten die Mitspieler los. Sieger ist derjenige, der als erster mit dem Ei auf dem Löffel durch das Ziel läuft. In der Wohnung können auch immer zwei Kinder gegeneinander antreten. Die Gewinner aus jedem Lauf treten dann noch einmal gegeneinander an.

in die Hand. Unter den „Adleraugen" eines neutralen Spielers schlagen dann die Kinder ihre Eier so lange mit der Spitze aneinander, bis eines zerbricht. Der Gewinner erhält das Ei des anderen.

Münzen werfen

Eierbutzen

Bei diesem Spiel stehen sich zwei gleich große und starke Kinder gegenüber. Jeder Mitspieler bekommt ein hart gekochtes Ei

Dieses Spiel ist ganz einfach und lustig. Mehrere Kinder setzen sich in einer Runde auf den Boden oder auf den Rasen und legen ein Ei vor sich hin. Jeder erhält fünf Münzen. Der Reihe nach versuchen die einzelnen Spieler nun ihre Münzen so auf das Ei zu werfen, dass diese darin stecken bleiben. Wer die meisten Münzen in seinem Ei platziert, hat gewonnen und darf sowohl die Münzen als auch das Ei des Gegners behalten.

Ziel-
scheibe

Für dieses Spiel braucht man etwas Vorbereitungszeit, da zuerst ein großer Eierkarton mit einem Zielquadrat in der Mitte bemalt wird und dann für jeden Mitspieler acht Korken mit einer bestimmten Farbe gekennzeichnet werden. Jedes

Kind nimmt sich acht Korken in einer Farbe und versucht nun möglichst alle so in das Zielquadrat zu werfen, dass die Korken mit der bemalten Seite im Karton landen. Wem dies gelingt, der wird als Meisterschütze gefeiert. Bei kleineren Kindern genügt es, wenn sie mit den Korken in den Karton treffen.

Lichter
setzen

Zum Abschluss des Osterfestes können die Kinder Schwimmkerzen in einen nahe gelegenen Bach oder Fluss setzen. Die davonschwimmenden Lichter sind ein Zeichen dafür, dass die Tage wieder länger werden und der kalte Winter vorüber ist.

Königliche Eier

Zutaten:

- 4 gekochte Eier
- Forellenkaviar
- grüne Spargelspitzen
- Weißbrot
- Räucherlachs
- Dill
- Petersilie
- Garnelen
- Parmesan

Die Eier weich kochen und die Spitze abschneiden. Dann das erste Ei mit Forellenkaviar und Petersilienzweigen, das zweite Ei mit blanchierten grünen Spargelspitzen und gehobeltem Parmesan, das dritte Ei mit in Butter angerösteten Weißbrotwürfeln (Croûtons) sowie einer Garnele und das vierte Ei mit klein geschnittenem Räucherlachs und Dill garnieren.

Ostertorte

Zutaten:
für den Biskuitteig:

- 6 Eier
- 180 g Zucker
- 1 Prise Salz
- 120 g Mehl
- 80 g Speisestärke
- Backpapier

für die Füllung:

- 500 Himbeeren (TK)
- 6 Blatt weiße Gelatine
- 2 Vanilleschoten
- 4 Eigelb
- 120 g Zucker
- 1 Prise Salz
- 1 EL Cassis
- 1 l Schlagsahne
- 1 Pck. Vanillezucker

für die Dekoration:

- 820 g Puderzucker
- 10 EL Zitronensaft
- 400 g Marzipanrohmasse
- Lebensmittelfarben in Gelb, Grün, Rot, Pink und Blau
- Himbeermarmelade
- weiße Osterhasen

Biskuitteig

Eier trennen, Eigelb und 150 g Zucker mit dem Quirl eines Rührgerätes sieben bis zehn Minuten zu einem dicklichen Schaum schlagen. Eiweiß getrennt mit dem restlichen Zucker und Salz zu einem Schnee steif schlagen. Ein Drittel vom Eischnee unter die Eigelbmasse rühren, den restlichen Schnee darauf setzen. Mehl und Speisestärke darüber sieben. Vorsichtig unterheben, bis die Masse sich verbindet.

Den Boden einer Springform mit Backpapier auslegen. Die Biskuitmasse einfüllen und glatt streichen. Im vorgeheizten Backofen bei 175 °C (Gas: Stufe 2) auf der zweiten Einschubleiste von unten 25 Minuten backen.

Anschließend fünf Minuten im ausgeschalteten Backofen ruhen lassen.

Den Teig auf ein Kuchengitter stürzen, vier bis fünf Stunden ruhen lassen und zweimal quer durchschneiden.

Füllung

Die Himbeeren ausgebreitet auftauen lassen, anschließend pürieren und durch ein Sieb streichen.

Die Gelatine im kalten Wasser einweichen, die Vanilleschoten der Länge nach aufschlitzen und das Mark herauskratzen. Vanillemark, Eigelb, Zucker, Salz und Cassis mit dem Quirl des Handrührgerätes ca. sieben Minuten zu einem dicklichen Schaum rühren. Dann das Himbeermark unterrühren. Die nasse Gelatine bei milder Hitze auflösen und ebenfalls einrühren.

Die Schlagsahne mit dem Vanillezucker steif schlagen und sobald die Himbeeren anfangen zu gelieren, die Sahne unterheben. Die Böden dick mit der Himbeersahne einstreichen und wieder aufeinander setzen. Kühl stellen.

Garnitur

500 g Puderzucker sieben und mit dem Zitronensaft glatt rühren. 4 EL davon abnehmen und mit der grünen Lebensmittelfarbe einfärben, den Rest mit gelber Farbe färben.

Die Tortenoberfläche und die Seiten zuerst mit der Himbeermarmelade, dann mit der gelben Glasur überziehen. Die grüne Glasur in eine Spritztüte füllen und Kreise auf die Torte spritzen. Mit einem Holzstäbchen die grüne Farbe nach außen ziehen. Den Rand der Torte ebenfalls mit gelber Glasur versehen.

Den restlichen Puderzucker mit der Marzipanrohmasse verrühren. Ein Viertel der Masse zur Seite stellen und den Rest mit roter Lebensmittelfarbe färben. Daraus Möhren formen und mit dem Holzstäbchen Rillen einkerben.

Für die Möhrenblätter einen Teil der restlichen Marzipanmasse mit grüner Farbe färben. Die bunten Marzipaneier in den anderen Farben gestalten. Die Osterhäschen können im Handel erworben werden.

Eierschalen-mosaik

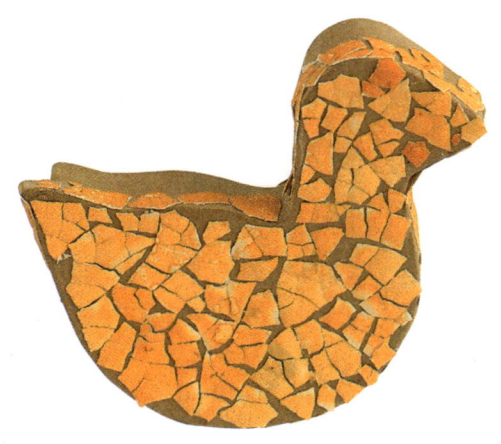

Zunächst kocht man zehn Eier hart und färbt sie in unterschiedlichen Farben ein. Dann schlägt man die Eispitzen ab und nimmt das Ei mit einem Löffel heraus. Nun entfernt man die innere Haut von den Eierschalen und bricht die Schalen in 1 cm bis 2 cm große Stücke.

Weil der Holzleim schnell trocknet, wird immer nur ein kleines Stück der Schachtel eingepinselt und mit einer Eierschale belegt. Wenn die Schalen beim Andrücken auf die mit Leim versehene Stelle noch einmal zerbrechen, kann man die Bruchstücke mit einer Pinzette etwas auseinander schieben.

Einen leichten Glanz erhalten die Mosaikstücke, wenn man den Leim über die Eierschalen pinselt. Getrocknet ist der Leim transparent.

Auf diese Weise kann man sowohl den Deckel der Schachtel als auch die Schachtelseiten verzieren.

10 Eier • Eierfarben • Papp- oder Holzschachteln in Enten-, Ei-, Blumen- oder Herzform • Holzleim • Pinsel • Löffel • Pinzette

Oster-collage

Das Tonpapier schneidet man in DIN A4 zu. Dann wird der Draht so zugeschnitten, dass er ca. 2 cm über das Blatt Papier hinaussteht. Dieser Rand, der auch als Aufhängung dient, wird auf die Papierrückseite umgebogen.

Nun werden die bereitliegenden Materialien entweder unter den Draht geklemmt, in den Draht eingeflochten oder mit dem Bindedraht festgebunden und angeklebt.

Aus dem Bärengras kann man mehrere kleine Nester gestalten, die mit Bast festgebunden werden. Zum Schluss werden die bunten Eierschalen in die Komposition geklebt.

Sehr hübsch sehen auch bunte Geschenkbänder und Federn aus, die vereinzelt dazu drapiert werden. Es kann beliebig viel Material in der Collage verwendet werden. Der Fantasie sind dabei keine Grenzen gesetzt.

Tonpapier in Gelb, Orange, Hellgrün und Türkis • Gitterdraht • Zange • Bindedraht • Klebstoff • Bärengras • Moos • Weidenzweige • Federn • Eierschalen • Geschenkbänder in verschiedenen Farben • Bast

Herstellernachweis

Die Kleidung in diesem Buch wurde uns freundlicherweise zur Verfügung gestellt von:
Diesel, von: ACC Textilvertriebs GmbH, Großenbaumer Weg 11, 40472 Düsseldorf;
Esprit De Corp. GmbH, Halskestraße 42–46, 40832 Ratingen;
Franz Falke-Rohen Strumpffabriken, Zweigniederlassung der Franz Falke-Rohen,
Oststraße 5, 57392 Schmallenberg;
Oshkosh B'Gosh, The Genuine Article (Deutschland), Erlenhofpark,
Inselkammerstraße 4, 82008 Unterhaching.
Backwaren: **Bäckerei Franz Höflinger**, Schleißheimerstraße 85, 80797 München (S. 90);
Schwartauer Werke, Lübecker Str. 49 – 55, 23611 Bad Schwartau (S. 55).

Die Deutsche Bibliothek – CIP-Einheitsaufnahme

Ein Titeldatensatz für diese Publikation ist bei
Der Deutschen Bibliothek erhältlich.

Alle im Buch vorkommenden Geschichten, Gedichte und Lieder
sind, soweit nicht anders angegeben, Volksgut.

Die Schreibweise entspricht den Regeln der neuen Rechtschreibung.

© Ravensburger Buchverlag, 1998, 2002
Konzeption, Redaktion, Produktion: topic Verlag GmbH, Produktions- und
Herstellungsservice für Buch- und Presseverlage, Karlsfeld bei München
Fotos: Hans Seidenabel
Illustrationen: Hermien Stellmacher
Vorlagen: Bärbl S. Meder
Gesamtgestaltung: Sabine Dohme
Redaktion: Karin Nagl
Printed in Slovenia

3 2 1   04 03 02

ISBN 3-473-37817-8